互联网+时代高校英语教学与教师职业发展研究

李俊丽 ◎ 著

吉林大学出版社

·长春·

图书在版编目（CIP）数据

互联网+时代高校英语教学与教师职业发展研究 / 李俊丽著. -- 长春：吉林大学出版社，2023.4

ISBN 978-7-5768-1624-2

Ⅰ.①互… Ⅱ.①李… Ⅲ.①英语—网络教学—教学模式—研究—高等学校②高等学校—英语—教师—师资培养—研究 Ⅳ.① H319.3-39 ② G645.1

中国国家版本馆 CIP 数据核字 (2023) 第 068658 号

书　　名	互联网+时代高校英语教学与教师职业发展研究
	HULIANWANG+ SHIDAI GAOXIAO YINGYU JIAOXUE YU JIAOSHI ZHIYE FAZHAN YANJIU
作　　者	李俊丽　著
策划编辑	殷丽爽
责任编辑	殷丽爽
责任校对	安　萌
装帧设计	李文文
出版发行	吉林大学出版社
社　　址	长春市人民大街 4059 号
邮政编码	130021
发行电话	0431-89580028/29/21
网　　址	http://www.jlup.com.cn
电子邮箱	jldxcbs@sina.com
印　　刷	天津和萱印刷有限公司
开　　本	787mm×1092mm　1/16
印　　张	11.75
字　　数	200 千字
版　　次	2023 年 8 月　第 1 版
印　　次	2023 年 8 月　第 1 次
书　　号	ISBN 978-7-5768-1624-2
定　　价	72.00 元

版权所有　　翻印必究

作者简介

李俊丽　女，南通大学文学硕士，外国语言学及应用语言学专业，硕士研究生，南通大学杏林学院英语教师，讲师，专业英语教研室主任。主要研究方向：英语教学、语用学理论与实践。主持或参与省级课题4项、校级教改课题5项；主持英语写作课程建设1项以及参与英语语法试题库建设1项；指导江苏省大学生创新创业省级项目3项；发表学术论文10余篇；获外教社杯全国高校外语教学大赛江苏赛区三等奖，南通大学杏林学院第八届青年教师讲课比赛二等奖以及微课比赛二等奖；被授予南通大学杏林学院毕业论文（设计）优秀指导教师、优秀班主任、工会工作先进个人等荣誉称号。

前　言

随着近些年互联网技术的迅猛发展，互联网与各行各业之间的关系越来越密切，可以说其结合效果越来越好，创造出了一种新的生态。英语是高校教育教学的基础课程，也是极为重要的课程。在教育教学之中，必须要始终坚持创新教学原则，及时将互联网运用到高校英语教学改革之中，探索出适合学生英语发展的全新教学模式，这样才能够在优化传统教学弊端的同时，更好地保障高校英语课堂教学效果，真正为学生的全面性发展而保驾护航。

纵观高校英语教学的发展历史，每一种教学理念、教学实践都与技术相关。具体而言，互联网技术的每一次飞跃都深刻地影响和改变着英语教学。显然，互联网技术在高校英语教学中的每一次应用都在不断扩展着高校英语教学的广度和深度，"互联网+"教育的发展也使得英语学习者正在形成一种新的认知空间和心理空间。

步入互联网+时代，高校英语教学既迎来机遇，同时也面临全新挑战。为更好应对挑战、把握机遇，各高校要不断推进英语教学改革，探索英语教学跃升发展之路。与此同时，"互联网+"时代也对高校英语教师职业提出更多要求，为更好改进教学方式、提升教学质效、满足职业要求，英语教师也应不断学习、掌握相关信息技术，树立终身学习意识，积极进取，在专业发展之路上迈步前行。

本书为"互联网+"时代高校英语教学与教师职业发展研究。第一章为高校英语教学概述，主要介绍三部分内容，分别为高校英语教学的内涵与内容、高校英语教学的目标与原则、高校英语教学的模式与方法；第二章为"互联网+"时代高校英语教学概述，分别对"互联网+教学"概述、"互联网+"时代高校英语教学的挑战与困境、"互联网+"时代高校英语教学的机遇与展望进行阐述；第三章为"互联网+"时代高校英语教学创新，重点从三方面进行分析，包括"互联网+"时代高校英语教学创新概述、"互联网+"时代高校英语教学新思维、"互联网+"时代高校英语教学新内容、"互联网+"时代高校英语教学新模式；第四章为"互联网+"时代高校英语教学评价体系构建，分别对英语教学评价概述、互联网+时代高校英语教学评价原则、互联网+时代高校英语教学评价方法进行阐述；第五章为互联网+时代高校英语教师职业发展，主要阐述了三方面内容，分别为高校英语教师职业发展概述、互联网+时代高校英语教师的角色与素质、互联网+时代高校英语教师职业发展路径。

  在撰写本书的过程中，作者得到了许多专家学者的帮助与指导，参考了大量的学术文献，在此表示真挚的感谢。但由于作者水平有限，书中难免会有疏漏之处，希望广大同行及时指正。

李俊丽

2022 年 5 月

目　录

第一章　高校英语教学概述···1
　　第一节　高校英语教学的内涵与内容·································1
　　第二节　高校英语教学的目标与原则·································4
　　第三节　高校英语教学的模式与方法································15

第二章　"互联网＋"时代高校英语教学概述······························28
　　第一节　"互联网＋教学"概述···28
　　第二节　"互联网＋"时代高校英语教学的挑战与困境················39
　　第三节　"互联网＋"时代高校英语教学的机遇与展望················46

第三章　"互联网＋"时代高校英语教学创新·······························54
　　第一节　"互联网＋"时代高校英语教学创新概述······················54
　　第二节　"互联网＋"时代高校英语教学新思维························58
　　第三节　"互联网＋"时代高校英语教学新内容························63
　　第四节　"互联网＋"时代高校英语教学新模式·······················106

第四章　"互联网＋"时代高校英语教学评价体系构建····················135
　　第一节　英语教学评价概述··135
　　第二节　"互联网＋"时代高校英语教学评价原则····················141
　　第三节　"互联网＋"时代高校英语教学评价方法····················143

第五章 "互联网+"时代高校英语教师职业发展·················148
　第一节　高校英语教师职业发展概述·····················148
　第二节　"互联网+"时代高校英语教师的角色与素质···········154
　第三节　"互联网+"时代高校英语教师职业发展路径···········170

参考文献···175

第一章 高校英语教学概述

研究"互联网+"高校英语教学之前,我们需要对高校英语有更全面、更深入的了解。本章为高校英语教学概述,包括三部分内容,分别为高校英语教学的内涵与内容、高校英语教学的目标与原则及高校英语教学的模式与方法。

第一节 高校英语教学的内涵与内容

一、高校英语教学的内涵

在明晰高校英语教学内涵之前,我们先对英语教育进行准确认识。总的来说,英语教育既是语言教育,又是文化教育。

从语言教育角度看,英语是世界通用语言,英语教学是一种语言教学,这是英语教学的本质属性。语言教学,顾名思义,就是为了培养和提高学习者的语言能力而进行的教学。英语教学是我国重要的外语教学。进行英语教育,需要对英语基础知识进行教学,从而夯实学生语言学习的根基,对语言应用能力的提高也大有裨益。英语教学作为重要的语言教育方式,其本质也是提高学生的英语语言综合应用能力。

需要特别说明的一点是,一部分专门进行语言知识研究的语言教学工作并不是以语言应用为目的,因此其并不属于语言教学的范畴。例如,古希腊语研究、古汉语研究、古英语研究等,这些语言在当今社会不再广泛使用。

从文化教育角度来看,文化孕育语言,语言反映文化,语言和文化有着密切的关系。因而,在英语教学的过程中,培养学习者的文化思维也十分重要。英语教学的文化属性启示教学者应该重视文化的影响作用,从而便于学习者跨文化交际能力的提升。

高校英语教学是一门语言教学，和技能类教学有一定的区分。这种教学不仅需要教师在教学中向学生传授具体的语言知识，同时还需要让学生了解语言背后的文化。高校英语教学的最终目的就是让学生了解英语的使用方式，具备用英语进行交际的能力。

高校英语教学是师生共同作用的教育活动，需要教师对学生进行引导，也需要学生进行主动的学习。检验高校英语教学的成果需要以教学目标的实现为标准。

总体上说，高校英语教学是师生共同完成预定任务的双边统一活动。具体来说，高校英语教学的内涵主要包括以下几方面的内容。

（1）高校英语教学带有目的性

高校英语教学根据不同的教学阶段，划分出了不同的教学目标。具体的教学目标又带有层次性和领域性。

（2）高校英语教学带有系统性和计划性

它的系统性体现在教学的管理者和制订者上，主要包括行政机构、教研部门和教学管理者。高校英语教学的计划性指的是对英语基础知识进行的计划性教学。

（3）高校英语教学的实施需要采用科学的教学方法和技术

英语教学历史悠久，在实施过程中形成了大量的教学方法。随着现代科学技术的发展，高校英语教学科研借助的教学技术也相应增加。

鉴于此，高校英语教学可以被概括为：教师在教学目的和教学目标的指引下，在有计划的系统性过程中，借助科学的教学方法和技术，对英语基础知识和英语文化进行的教学，以期促进英语学生的整体素质和语言能力的提高与发展。

二、高校英语教学的内容

教学内容是指在教学活动中为实现教学目标，师生共同作用的知识、技能、技巧、思想、观点、概念、原理、事实、问题、行为习惯等的总和。教学内容是一种特殊的知识系统，既不同于语言知识本身，也不同于日常经历；既要考虑学科本身的知识体系，又要考虑学生的年龄特点和实际需求等。教学内容是一个动态的知识系统，它会随着时代的变化而变化。

具体地说，英语教学内容主要涉及以下五个方面。

（一）语言知识

基础语言知识包括语音、语法、功能意念、话题和词汇五方面内容。基础英语语言知识是综合英语运用能力的有机组成部分，是语言学习和语言运用的重要内容之一。没有扎实的语言知识，就不可能具有较强的语言能力。

（二）语言技能

英语的听、说、读、写、译是学习和运用语言必备的基本技能，是形成综合语言运用能力的重要基础和手段。听是分辨和理解话语的能力；说是运用口语表达思想、输出信息的能力；读是辨认和理解书面语言的能力；写是运用书面语表达思想、输出信息的能力；翻译是把一种语言文字的意义用另一种语言文字表述出来的能力。学生通过大量听、说、读、写、译的专项练习和综合性语言实践活动，形成这五种技能的综合运用能力，为真实语言交际奠定基础。

（三）学习策略

学习策略是指学生为有效地学习和发展而采取的各种行动和步骤。英语学习的策略包括认知策略、调控策略、交际策略和资源策略等。培养学习策略有助于学生有效学习英语，为终身学习奠定基础。使用有效的英语学习策略，可以改进英语学习方式，提升学习效果，还可以让学生学会如何学习，从而培养学生自主的终身学习能力。因此，教师要有意识地帮助学生形成适合自己的学习策略，对自己的学习过程和效果进行监控和反思，培养学生根据学习风格不断调整学习策略的能力，引导学生观察他人的学习策略，与他人交流学习体会，尝试不同的学习策略。

（四）文化意识

在英语教学中，文化指所学语言国家的历史地理、风土人情、传统习俗、生活方式、文学艺术、行为规范、价值观念等。对学生来说，接触和了解英语国家文化有益于学生对英语的理解和使用，加深对本国文化的理解与认识，有利于提高人文素养，培养世界意识。因此，教师在教学中要注意向学生渗透文化意识，根据学生的年龄特点和认知能力，传授文化知识，培养文化意识和世界意识。

（五）情感态度

情感态度是指兴趣、动机、自信、意志和合作精神等影响学生学习过程和学习效果的相关因素，以及在学习过程中逐渐形成的祖国意识和国际视野。在教学中，教师应不断激发并强化学生的学习兴趣，引导他们逐渐将兴趣转化为稳定的学习动机，树立自信心，锻炼克服困难的意志，认识学习的优势与不足，乐于与他人合作，形成和谐和健康向上的品格。

第二节 高校英语教学的目标与原则

一、高校英语教学目标

（一）帮助学生理解英语

教师向学生教授英语知识的过程是一个给学生赋能的过程，重点并不在于让学生掌握英语技能，而在于开发学生的思维，让学生能够自主地思考、学习英语及理解英语。因此，学习英语更像是一个心理过程，而不仅仅是一个教学过程。

高校英语教学不仅仅是教会学生某一种技巧，更重要的是帮助学生开拓思维，理解英语。其中，教师是知识的传播者。

（二）传授学生语言知识

在传统高校英语教学过程中，最重要的教学目标就是将英语知识传授给学生，教师可以使用各种方式实现这个目标，如借助多媒体和数字技术，使课堂教学变得生动有趣，从而激发学生学习英语的兴趣。

这里的"知识"有两层含义，第一层是指学习语言，第二层是指与这门语言有关的其他知识。例如，语言的运用方法和特点等。我们学习英语，既要学会具体的用法，也要掌握其他与英语相关的知识，做到会看、会写、会说。目前，存在两种英语教学模式。第一种是注重英语书本知识的掌握，通过重复的记忆和书写来学习英语，而忽视了更重要的实际应用。第二种模式不仅要求学生掌握所学的内容，更是将重点放在英语的实际应用中，即要求学生能够利用英语知识实现语言交流。同时，还要学习一些有关英语的文化知识等。因此，高校英语教学就出现了两个目标，首先是让学生学会英语语言知识，其次是让学生学会运用英语。

（三）训练学生英语技能

对学生英语技能进行训练，同样是高校英语教学一大重要目标。

从人际交流的角度讲，这一教学过程的重点仍然是教师，学生是参与者之一，其参与受到外界因素的影响，受到教师行为的支配。不过，在这一过程中，教师不再是简单地把语言传授给学生，而是努力提高使用技能。

从课堂内容的角度讲，在这一教学过程中，教师提供大量的课堂训练和练习及考试。教学目标是使学生掌握运用语言的技能。

从教学方式上讲，教师通常开展许多活动，学生是这些活动的参与者和训练对象。尽管教师的任务是让学生获得语言技能，但这种技能不是实际运用语言的能力，而是一些语言模式，而且这些模式大部分是一些根据结构主义理论提炼出的语言结构模式，并不是根据情境语境中的语境模式而提炼出来的语言功能模式。

（四）发展学生意义潜势

系统功能语言学认为，语言实际上是一个语义系统，并通过概念、人际和语篇等功能提供意义潜势。根据系统功能语言学的观点，语言教学的目的就是发展学生的"意义潜势"，发展学生根据不同的语境运用语言的能力。针对此教学目标，教学过程被看作是一个关系过程。语言被视为一个"潜势"，属于"意义潜势"。高校英语教学的目标就是使学生掌握这一潜势，使学生会用语言来表达意义，这既包括使学生掌握有关语言的知识，也包括使学生掌握语言表达的能力。教学过程中，教师应该把语言特点与语境因素结合起来，让学生建立意义潜势。

（五）培养跨文化交流能力

随着2004年《大学英语课程教学要求（试行）》的颁布及英语教学改革的深入，培养学生交际能力的意识越来越深入人心。但在高校英语教学实践中，尽管教师在培养学生听说读写及言语技能方面花费了大量心血，但教学效果并不明显。

严格来说，目前高校英语教学还没有突破语言知识的掌握和言语技巧的训练的框框，学生所学到的更多的是语言表面的知识。因此，高校英语教学只重视言语技能的训练是不够的，还必须注重交际能力的培养。

实践证明，言语技能的训练不能自然生成交际能力；交际能力的形成除了语言因素外，还有社会文化能力、语境能力、行为能力等诸多要素。因此，要想培养学生的英语交际能力，除了传授语言内容和进行言语技能训练外，还必须努力对学生进行跨文化条件下语言能力、语用能力等的专门培养和训练，以提高学生在特定的社会文化情境中的跨文化交流能力。

培养学生的跨文化交流能力是高校英语教学的最高目标。英语教学的过程实际上是一种文化适应的过程。一方面，它要求学生把英语国家文化与自身现有知识进行等值条件的转换；另一方面，它要无条件地积极地理解、吸收与本国文化不同的信息。英语与汉语语法上有一定差距，学习英语不可避免地遇到文化差异造成的障碍和困难。为了消除这种障碍，高校英语教学就必须强化文化教学，即在教学过程中相应地进行英语语言文化教学。从高校英语教学的角度讲，教授语言知识和培养言语技能是前提、是基础，而跨文化交流能力的培养是前者的深化和提高。前者是手段，后者是目标。

二、高校英语教学原则

教学原则是教师根据一定的教学目标，并遵循一定的教学规律来指导教学的一项基本要求和行为准则。高校英语教学的基本原则不仅应该反映英语这门学科的特点，也应该反映学生学习英语的心理特点，同时还应该反映中国人教授英语与学习英语的特点。在具体的教学实践中，有如下基本教学原则，可以用以指导当前的高校英语教学。

（一）思想性原则

1.思想性原则的内涵

所谓的思想性原则，是指在高校英语教育教学过程中，教师在引导和帮助学生系统地掌握英语知识、发展智力的同时，还应该积极引导学生在发现问题、分析问题、解决问题的过程中形成科学的人生观、世界观、价值观。学生在掌握知识，发展智力的同时，可以通过高校英语课程设计的相关内容与材料得到启发和引导，从而逐步形成科学、稳定的情感、态度和"三观"。

2.思想性原则的意义

在高校英语教学中坚持思想性原则的意义主要体现在三个方面。首先，只有在高校英语教学中坚持思想性原则，才能够帮助学生在日常的学习过程中树立正确的学习目标和发展方向。其次，只有在高校英语教学中坚持思想性原则，才能有助于学生综合素质的提高。在未来的社会竞争中，真正的人才不仅要具备一定的专业技能水平和科学文化素质，还要具备一定的思想道德水平。只有智力没有道德的人是很难在社会中立足和发展的。最后，只有在高校英语教学中坚持思想性原则，才能促进国家的和谐与稳定。这是因为教育作为社会系统的一个重要组成部分，在实现人才培养与文化传承的同时，还要发挥统一思想、维护社会和谐与稳定的重要角色的作用。

3.思想性原则对教师的要求

在高校英语教学中坚持思想性原则，要求教师要把课程思政融入日常教学中，使学生了解外国文化的精华和中外文化的异同；还要求教师引导学生提高文化鉴别能力，树立民族自尊心、自信心和自豪感，促进学生形成正确的"三观"。

（二）交际性原则

交际性原则符合英语教学的最终目的，是高校英语教学的重要培养原则之一。具体来说，遵循交际性原则下的英语教学需要注意以下几个方面的内容。

1.重视英语教学的交际工具作用

英语是人类语言交际的重要工具，其通用语言的地位提高了人们对它的需求性。高校英语教学的目的是让学生了解英语语言，从而掌握使用英语进行交际的技能。因此。高校英语教学需要在以学生为中心的原则下，在交际性原则的指导下进行教学活动。

在课堂教学过程中，教师需要重视交际性语言的教授，提高教学和实际交际的联系，切实发挥英语课堂教学的重要性。

除了在高校英语课堂教学中重视交际性之外，在学生的学习中也需要体现出交际性。教师需要将教学活动和语言的应用活动相结合，在整体上提高学生的交际能力。

受我国第二语言学习环境的影响，我国学生缺乏一定的语言交际环境，因此课堂教学成了实现语言交际的重要途径，师生间、学生间的交际成了主要的语言交际行为。鉴于课堂教学的重要性，教师可以利用相关的教育资料，为学生创设不同的语言交际情境，让学生能够感受到英语交际的实用性。在交际性原则培养下的学生，往往对英语学习更有兴趣。

2. 重视语言语境的影响作用

我国传统的高校英语教学主要将教学重点放在语言知识的讲授方面，对于学生的交际能力培养有所欠缺，使其难以在日后的跨语言交际中灵活地使用英语。为了提高学生的交际能力，教师应该重视语言语境的影响作用。具体来说，语境主要包括时间、地点、交际者、交际方式、谈话主体等。

即使使用相同的语言表达方式在不同的交际语境下也可能出现不同的交际效果。高校英语教学中应该重视语言语境的影响作用，培养学生对语境的适应性和灵活性。例如，教师可以在课堂上创设不同的语言使用情境，让学生分角色扮演语境中出现的人物，并使用英语进行表达。这种练习活动不仅能够增强师生之间的交流，对于学生掌握语言也大有裨益。

3. 重视语言教学的生活性

高校英语教学是为了学生的生活服务的，因此在教学中需要重视教学的生活性。教师可以将教学内容和学生所关心的话题进行整合，给学生提供充足的、内容丰富的学习资料。这些教学内容与学生的生活息息相关，会引起学生的共鸣，最终可以调动学生的学习和参与意识，促进教学效果的提高。

（三）兴趣性原则

中国古代教育家孔子认为，"知之者不如好之者，好之者不如乐之者"。高校英语教学的首要任务是激发学生对英语的兴趣和热爱。兴趣是最好的老师，是学生自主学习的最有力的推动器。兴趣可以促使学生积极接受新事物，并养成自主学习的好习惯。

学生对英语学习的接受程度及学习效果，在很大程度上是由学生对英语的兴趣决定的。因此，教师在英语教学过程中要注重对学生学习兴趣的培养，通过一些生动有趣的教学方式逐步引起学生对英语的兴趣，激发他们自主学习的热情，使他们不排斥学习，将学习当作有趣味的过程。

培养学生的学习兴趣，可以从以下几方面入手。

1. 充分了解学生特点

教育只有通过学生的积极体验、参与、实践和积极尝试与创造，才能获得认知和语言能力的发展。在英语教学中，学生始终是教学的主体，因此教师必须时刻以学生为中心开展教育活动。注重不同年龄段学生心理和生理的特点，采用多样的教学方式，逐步激发学生的学习兴趣。同时，也要遵循英语教学的客观规律，环环递进，切不可揠苗助长。运用合适的方法，学生会在课堂与生活中越来越多地接触英语，通过体验与实践，形成对英语的热爱，激发自主学习能力。

2. 深度挖掘英语教材

注意挖掘教材中学生感兴趣的内容，发现和收集学生感兴趣的问题，并把这些问题作为设计教学活动的素材。教师在教学中要以教材为核心，备课时认真研读教材，从中提炼出学生感兴趣的知识。通过这些知识的教学，初步引发学生的学习兴趣，之后逐渐将内容扩展开来，使学生顺着教师的教学思路将兴趣延伸到其他地方，调动学生的学习积极性。

此外，在教学中模拟日常交际环境也是激发学生学习兴趣的有效方式。教师可以将学生在日常生活中感兴趣的人或物移植到课堂中，创建不同的交际环境。

3. 科学进行教学设计

对于一些基础的英语知识，重复的记忆和机械练习当然是必不可少的。但如果机械性地重复和背诵过多，就会引起学生的抵制情绪，课堂内容也会变得枯燥乏味，结果将适得其反。因此，这就需要教师在英语教学中找到合适的分界点，把握好机械练习和趣味教学之间的度，以免造成过犹不及的后果。教师要科学地设计教学内容，加入一些学生感兴趣的内容。只有这样，才能真正拉近学生和英语之间的关系，激发学生对英语学习的热情和兴趣。

此外，应试教育是打击学生学习兴趣的最大敌人，教师应打破传统应试教育的束缚，探索新的教学模式，注重学生的态度、参与积极性、努力程度、沟通能力和合作精神。

4. 加强师生沟通交流

学生对某门课程是否感兴趣，还取决于学生对授课教师的态度。有经验的教师会拉近与学生的距离，成为学生与课程之间沟通的桥梁。不同学生的家庭环境、成长背景、性格特点都有很大的差别，因此对教师也有着各自的认识。不论是课堂中还是课余时间，教师都应该注重与学生进行沟通，聆听学生对于课程的看法。只有得到学生真诚的爱戴和尊重，学生才会真正地对学习感兴趣。

良好的师生沟通关系是学习的重要基础，学生对教师的态度会不自觉地带入学生的学习中去，潜移默化地影响学生的学习效率。比如，当学生对某个老师产生厌恶情绪时，学生就会本能地讨厌这门课程，从而也对学习产生抵触心理。因此，有必要让良好的学习情绪充满整个学习过程。通过与学生的沟通，教师可以找到学生在学习中存在的问题或面临的困难，或教师自身存在的教学不足等情况，从而对症下药。同时，师生之间彼此的沟通也会给学生传递出一种关怀的感觉，教师要善于发现学生的优点和进步，给予鼓励和表扬，以此来增强学生的自信心和学习兴趣。

（四）发展性原则

所谓发展性原则，就是要保证所有学生的智力和非智力因素都得到发展。发展所有学生的智力因素与非智力因素既是教学工作的起点，也是教学工作的终点，还是衡量教学效果的重要标准。

高校英语教学过程既是学生认知、技能与情感交互发展的过程，又是生命整体的活动过程。因此，学生的发展可以看成一个生命整体的成长，并且这个发展过程既有内在的和谐性，又有外在能力的多样性及身心发展的统一性。要实现英语教学的发展性，需要做到下面三点：

第一，教师要关注每个学生的成长，以保证所有学生都得到发展。

第二，充分挖掘课堂存在的智力和非智力资源，并合理、有机地实施教学，使之成为促进学生发展有利的资源。

第三，为学生设计一些对智慧和意志有挑战性的教学情境，激发他们的探索和实践精神，使教学充满激情和生命气息。

（五）综合性原则

高校英语教学还应该重视综合性原则，将语音、词汇、语法等知识进行交互教学，从而提高教学的实用性。具体来说，综合性原则指导下的高校英语教学应该重视以下几个方面的内容。

1. 整句教学与单项训练相结合

英语教学是为了提高学生的语言应用能力，因此在教学中，教师最好采用整句教学的方式。学生在学习到语言表达之后就能直接运用，有利于学生语感能力的提高。具体来说，整句教学的顺序是先教授简单的句子，然后再教授较为复杂的和长的句子，将整句教学和单项训练相结合。

2. 进行综合训练

语言学习是一个完整的整体，需要在教学中进行综合训练，也就是结合听、说、读、写四个部分。在高校英语教学中，听、说、读、写的培养是教学的主要内容，教师通过训练学生的多种感觉器官，保证四项技能训练的数量、比例、难易程度，从而使学生完成不同的学习任务。

3. 进行对比教学

英汉语言具有差异性，因此在高校英语教学中还需要进行对比教学，引导学生在语言使用中学习单词、语法、语音。这种对比教学的方式能够保证整体教学效果的提高。

（六）渐进性原则

高校英语教学中的渐进性原则指的是具体的教学活动要根据学生的特点、年龄进行，要符合人类认知的规律及心理特征，做到由浅至深，由易到难。

循序渐进有利于将学生的已有知识、生活经验及好奇心联系起来，有助于我们认清事物发生及发展的过程，明晰所学内容的条理，逐步掌握解决问题的方法，形成解决问题的能力。贯彻这一原则需要做到如下几个方面。

1. 循序渐进地培养语言技能

在英语教学中，教师首先要对学生进行听、说能力的训练。之后再转向写作能力的训练。听、说能力的训练主要锻炼学生对基础词汇、语法和发音的掌握，之后在此基础上，进行阅读和写作的练习。英语教学从听入手，是符合英语教学的客观规律的。

目前，英语教学面临的困难在于，我国大多数学生不具备日常的英语语言环境，英语在生活中得不到应用。因此，从听力开始接触英语是英语学习的必由之路。只有先明白对方在讲什么，才有勇气开口说英语，才能与对方面对面交流。在高校英语教学中，教师应该首先锻炼学生的听力水平，通过播放英语录音或更多的用英语教学，提高学生的听力水平。此外，教师还要给学生创造合适的情景环境，鼓励学生大胆地进行口语表达，将自己的想法用学过的词汇、语法等表达出来。

2. 循序渐进地设计教学环节

第一，精心设计每个教学环节，明确各个教学环节的目标，选择最佳的方法及手段，使知识呈现生活化和生动化，使形象与抽象逐步过渡、操作技能与逻辑思维的发展有机结合。第二，保证每个教学环节过渡自然，做到承上启下。

3. 循序渐进地反复深化学习

英语学习过程是螺旋式上升的过程。想要通过一次性的学习掌握英语是不可能的，这需要我们反复学习、不断重复。然而，并不是通过单调的、一遍遍的重复就能够学好英语，每一次重复都要在之前的基础上有所突破、查漏补缺，将之前学习中的难点克服，必须每一次都有所提高。同时，循环往复也意味着以旧换新，从已知到未知。教师应注重新知识的教学，并根据学生已有的语言知识和熟悉的语言技能培养新技能。每一部分的教学与课前和课后都要紧密联系起来，形成相互贯通的整体，这样有利于学生在学习过程中找到知识之间的彼此关联，形成系统的学习习惯。例如，可以将之前学到的内容融入新的学习中。在为学生选择阅读材料时，如果材料中有许多新的表达，就不应该有太多的新词；如果有许多新词，就不应该有太多的新的表达方法。

（七）灵活性原则

语言处于不断变化发展的过程中，是一个充满活力的开放性系统。因此，高校英语教学也要遵循灵活性原则。

1. 语言使用要有灵活性

学习语言的最终目的是交流沟通。教师要通过自身灵活地使用英语带动影响学生使用英语。在课堂教学中，教师应尽可能多地用英语组织教学，使学生感到他们所学的英语是活的语言。此外，教师还可以通过灵活的作业为学生提供灵活使用英语的机会。

2. 学生的学习方法要有灵活性

在高校英语教学中，教师需要积极探索符合学生学习规律和心理、生理特点的自主学习模式，从而帮助学生提高自主学习能力，使学生能够进行自我激励和监控，从而提高语言技能。

3.教师的教学方法要有灵活性

英语教师在讲授语音、词汇、语法等语言知识和培养听、说、读、写、译等语言技能时要具体问题具体分析，根据不同内容采取多种多样且灵活的教学方式，使教学过程更加生动、具有创造性，从而激发学生对英语学习的兴趣与热情。

（八）文化性原则

文化导入也是英语教学的重要原则。我国的高校英语教学将培养学生的英语交际能力作为教学的重点，而成功的交际既需要语言知识，又离不开文化知识。

在英语教学活动中，我们可以从以下几个方面进行文化教学。

第一，注意捕捉教材中的文化信息。

第二，运用真实的情景教授文化知识。

第三，认真分析中西方文化的差异。

具体来说，可以从以下两方面切入：第一，比较。有比较就会有结果。只有在比较中，事物的特性才会表现得更加明显。经过不同的历史轨迹，中西方国家在长时间的历史积淀中形成了不同的文化。因此，在文化教育中，教师可以通过母语文化与英语文化的对比，让学生更加深刻地认识母语文化与英语文化。在跨文化交际中，学生可以提高自身的文化敏感性，会更加重视文化对交际的影响，从而减少甚至避免文化差异引起的交际冲突。例如，问别人的行程和年龄在中国是很正常的事情，但是在西方却是对其隐私的侵犯。第二，外教。外教不仅可以提升学生的英语学习兴趣，还能够促进学生跨文化交际能力的提高。外教作为异域文化的成员，更能够引起一些学生的好奇心，这些学生在与外教接触和交流的过程中增强了对英语口语表达的信心，还能收获课堂上学不到的社会文化背景知识，能真正提高英语文化敏感度与英语交际能力。另外，学校可以定期利用外教组织英语角，这样就为学生创造了真实的英语语言环境，有助于学生英语听力与口语能力的提高。

（九）持续性原则

在完成基础英语教学阶段的学习之后，学生还要向更高级别的英语教学阶段发展，继续进行英语学习，因此在英语教学中，教师就要坚持可持续发展原则，在实践中自觉为学生打好向高级阶段学习的基础。具体可以从以下两个方面入手。

1. 做好知识的前后正迁移

遗忘是学习任何知识都不可避免的问题，因此我们必须通过巩固来习得语言知识。但是仅凭巩固往往得不到满意的效果，而应在教学中培养学生的英语实践能力，也就是在发展中达到巩固，以巩固求发展。而巩固性和发展性需要在概念同化、知识和技能的迁移中体现出来。因此，教学中应尽可能通过各种方法来增大正迁移量，以便学生更好地掌握知识和提高实践能力。

2. 培养学生学习英语的正确态度

培养学生学习英语的正确态度也能提升学生学习英语的持续性。具体来说，教师应该重点培养学生积极的、勇敢的学习态度，要让学生感受到英语学习的乐趣，同时要锻炼学生敢于使用英语进行交际的能力，要使学生将英语学习作为自身成长的一部分。此外，教师还应着重培养学生的自信心和克服困难的意志，可以从以下几方面着手。

①结合英语学习内容讨论有关情感态度问题。
②建立良好的师生关系。
③建立情感态度的沟通和交流渠道。

持续性原则的提出有助于学习者语言能力的不断发展，需要教师和学生的不断努力。从教师的角度，教师应该做好知识的迁移，让学生提高对知识的应用能力。从学生的角度，学生应该培养英语学习的正确态度，在思辨性思维的作用下提升英语自主学习能力和应用能力，提高自身的文化素养和语言能力，最终能够达到使用英语进行交际。

（十）利用母语原则

在高校英语教学中，我们应该尽可能多地使用英语，养成使用英语的习惯，培养语感，但有时也不可避免地要用到母语。事实上，正确地使用母语对于更快、更好、更有效地学习和掌握英语是有巨大帮助的。

1. 利用母语的优势

英语学习是学生掌握母语后的一项活动。学习英语之前，学生通过母语的交流，对一些句子结构、语法表述、逻辑关系等已经有所掌握，这对我们学习英语是有很大帮助的，因为汉语和英语在结构和用法上多少有些共同之处（当然，在更多方面，还是体现出明显的差异）。在学习英语的过程中，恰当地使用母语，简单地讲授英汉语言的差异和特点，可以帮助学习者区分母语和英语的特点。

2. 排除母语的干扰

同时我们也要认识到，正因为学生对母语的熟练掌握，已经养成了一种基于母语的特定思维，所以当学生遇到不同之处时，往往受限于母语的思维定式，用母语的方式解释英语，从而感到十分困惑，这是学生在学习英语过程中的难点。学生只要善于打破母语的思维方式，就会发现两种语言之间明显的差异，进而更快地学习英语。

学习英语是一个非常复杂的过程，母语的使用可能会给英语学习带来障碍。在使用英语和汉语时要注意避免将母语的使用规则转移到英语的使用上，以消除母语在英语学习过程中的干扰。

第三节 高校英语教学的模式与方法

一、高校英语教学的模式

"教学模式"这一概念诞生以来，受到了很多人的关注。不同学者从不同的层次和角度出发，对教学模式进行了研究和探讨。

1972年，美国学者乔伊斯和韦尔（Joyce & Weil）在他们的《教学模式》一书中首先提出了"教学模式"这一概念。《教学模式》对当时流行的25种教学模式进行了总结，并对这些教学模式进行了划分，归纳为社会型教学模式、信息加工型教学模式、行为系统型教学模式、个人型教学模式四大范畴。[①]

受乔伊斯和韦尔的影响，很多研究者开始对教学模式进行研究。20世纪70年代末，北佛罗里达大学的保罗·埃金等人合著的《课堂教学策略》一书就是受到上述两位学者的影响，经过教学实践而撰写成的。同时，美国的很多大学专门开设与教学模式相关的课程，一些心理学及教育学的书对教学模式也做了专门讨论。

---

① 曹治. 多模态视角下大学英语口语教学模式的实证研究 [D]. 西安：西安外国语大学，2017.

我国在 1984 年后才开始对教学模式进行研究，国内学者对教学模式一词有不同的见解。迄今为止，并未形成一个统一的看法。

李定仁认为："教学模式是根据教学规律、教学思想而形成的在教学中必须遵循的稳固的教学程序与方法的策略体系，包含教学过程中各个要素的组合形式、教学程序及其他与之相关的策略。"①

张正东认为："教学模式是由理论支持的教学活动的操作框架，它可能根据一定的教学理论构成，也可能是根据实践经验构成。"②

隋铭才认为："英语教学模式是对语言教学理论或与英语教学过程各个主要因素本质及相互关系等的形象化阐释。"③

对于上述各种界定，本书更倾向于李定仁的观点。首先，教学模式不仅是一定教学理论、教学思想的反映，还应与教学客观规律相符。这是因为，即使是在现今的教学思想、教学理论指导下建构的教学模式，如果不能与客观实际相符，那么就不具有应用价值。其次，李定仁还指出策略体系包含的内容。将教师、学习者、教学材料、教学手段、教学组织形式等融为一体，可使教学模式更具有操作性和直观性。

因此，可以将英语教学模式界定为：在一定的教学思想、教学理论的指导下，或者以英语教学实践作为基础，为实现某些特定英语教学目标而形成的稳固的教学程序及方法的策略体系，包含教学过程中各个要素的组合方式、教学程序及其与之对应的教学策略。

（一）我国高校英语教学主要模式

我国现行的主要高校英语教学模式可以分为四大类。

1. 传统英语教学模式

传统英语教学模式又称为以教师为中心的模式，教师在课堂教学过程中起权威作用，将系统地掌握语言知识作为教学目的。教师讲解语法、句型，分析课文结构，学生做笔记和回答老师提出的问题。学生的语言能力主要通过以教师为中心的课堂讲授和布置任务等方式得到强化，如学生听磁带录音或观看光盘。评估

---

① 李定仁. 教学思想发展史略 [M]. 兰州：甘肃教育出版社，2004.
② 张正东. 外语立体化教学法的原理与模式 [M]. 北京：科学出版社，1999.
③ 隋铭才. 英语教学论 [M]. 南宁：广西教育出版社，2001.

手段一般为平时作业和期中考试（约占学期总成绩的40%）、期末考试（约占学期总成绩的60%）。终结性评估是该模式的主要评估方式。

没有参加网络环境下的英语教学模式实验的班级和多数对照班均属于这一模式。传统英语教学模式的实质是语法翻译法的移植和运用。

2. 多媒体英语教学模式

多媒体英语教学模式与传统英语教学模式的不同之处在于，学生在拥有现代多媒体设施的教室上课，教师既可以直接播放教学软件，也可以通过校园网向学生提供网络教学内容。多媒体教室适宜大班上课。通过运用多媒体网络教学手段，教师在课堂上可以有针对性地讲解课文、分析难点，通过听说读写相结合，培养学生的全面语言能力。读写课采用传统讲授法，听说课采用听说法，多维度地输入语言，提高学生的英语水平和语言应用能力。该模式与严格意义上的传统模式有所区别，但从本质上来看，这种模式仍然是以教师为中心的传统教学模式。

3. 分级英语教学模式

分级英语教学是指为了满足一部分英语基础较好且学有余力的学生的需求，把英语总成绩优秀与较差的学生分别编成快班与慢班。快班起点高，进度快，通过使用知识难度较大的教材或增加专项训练课程，对学生进行语言应用能力的综合训练；慢班则使用学习难度较小的教材。这一教学模式从学生需要出发，教学有针对性，既可以照顾基础好的学生，也可以照顾基础较差的学生，满足他们提高综合应用能力的需求，因而有利于提高全体学生的学习效果。

不过，针对分级英语教学模式可能对学生的心理和积极性产生一些负面影响的问题，很多高校都制订了适当的流动机制，以激励学生发奋学习。高校也应当根据学生高考英语成绩中听力、阅读和写作的分数差异，按学生听说和读写能力进行分级，不能仅根据总分高低分级。此外，分级英语教学模式在师资配备、教学手段、检测方法等方面与传统模式相同。

4. 网络环境下的自主学习与面授结合的教学模式

网络环境下的自主学习与面授结合的教学模式近几年已趋于多元化，涌现出各种各样大同小异的模式，但其共同点都是以学生为中心，注重发挥学生的主体意识和自主学习能动性。教师在教学中起主导作用，其核心是完成任务、解决问题和分析案例，注重学生听说能力的培养和情景的创设。其教法打破传统单一的单向知识传播，取而代之的是启发、讨论与研究式的知识传播，并且注重整体语言教学，听说读写结合。这种适宜学生个性化发展的教学模式通常包括以下要素：①读写译大班教学；②口语小班教学；③网上自主学习；④课后（网络）辅导答疑；⑤形成性评估与终结性评估相结合，尤其重视形成性评估。但研究也发现，这种模式存在一些亟待解决的问题，如网络学习模式缺乏积极的情感交流、学生自我控制力差、网上自主学习流于形式等等。

通过上述高校英语教学模式分析可以看出，实际上多媒体英语教学模式与分级英语教学模式也与传统英语教学模式密切相关，现如今，我国高校英语教学中仍广泛应用传统英语教学模式，其主要特点是以教师为中心。

（二）传统教学模式的局限性

"知识中心"和"讲授中心"仍然是高校英语课堂教学的一般特征和模式。这种模式存在很多问题。

传统的教学模式单调、枯燥，无法吸引学生主动学习的兴趣。在教育改革中，高校英语教育改革始终是人们最关心的问题，许多存在已久的问题留存至今，没能得到合理解决。传统的教育模式以教师为中心，注重听、说、读、写、译等能力。教师一味地注重课本内容，忽视了课本外的学习。高校英语教学都按统一的课本、教师目标和考核进行。而且在教学中过于强调教师的权威性，导致教师成为整个教学过程的操控者和主导者，学生只能按照教师的要求被动地学习，效率极其低下。这种教学模式对学生的社会文化背景、知识水平、认知方式、学习需求和能力的差异关注较少。此外，传统的教学方法不灵活，课堂气氛单调，使得学生的学习兴趣和动机等非智力因素无法得到有效的激发。

传统教学模式不利于学生培养兴趣和创造性。随着网络技术的发展，人们越来越重视将网络技术与教育结合起来，思考如何将现代媒体应用到教育领域中。多媒体技术的发展为学生提供了越来越多的信息获取渠道和学习资源，能够有效激发学生的自主学习能力。成功的英语教学应该以培养学生的实践能力和创造性为前提，然而一些高校仍然沿用传统的以教师为中心、以考试为导向的课堂教学模式，远远落后于现实的需要。此外，新媒体网络工具的介入，使高校英语课程开发和教学出现了与传统高校英语教学模式不同的新特点。构建新的高校英语教学模式是当前高校英语课程教学改革研究的必然要求。

总的来说，步入"互联网+"时代后，高校英语教学模式亟待变革，网络环境下的教学模式也需要真正解决问题、实现创新突破。在本书后文中，会针对"互联网+"时代高校英语教学模式创新进行更为详细的介绍，此处不再赘言。

二、高校英语教学的方法

外语教学法是一门研究外语教学理论与实践、外语教学过程和教学规律的学科。很长时间以来，外语教学法被视为外语教学界一种最重要的教学方法。不同的教学方法会形成不一样的结果。如今，教学模式发生了很大变化，学生拥有了更多自主学习的空间，英语教学正逐渐显现出其个性化、创新性的变化。如果没有良好的教学方法，那么知识的传播效果就会大打折扣，无法实现既定的教学目标。

近年来，我国高校英语教学实现了巨大的变化，很多方面都朝着积极的方向发展。例如，教学设备的不断完善、学生素质逐年升高等。但与此相应的是，随着社会的发展，社会对学生的英语水平要求也越来越高，不仅要求学生具备足够的英语技能知识，还要有优秀的英语交际能力。为了更好满足社会对英语专业人才的需求，我国高校英语教学必须尽早转变教育模式，采用新的适合时代的教学方法，勇于突破与创新。

教学方法必须同时满足社会需求、教学环境和教学对象的要求。其目的是利用现有的条件，通过对其充分发挥，达到最佳的教学效果。任何一种教学方法都不可能面面俱到，但只要可以为现在的教学提供好的发展方向，这就是最佳的教学方法。教师在选择教学方法时，要充分考虑学校的客观条件，如学生的整体素质、经济条件、师资力量等，使之与学校的教学目标相吻合。高校英语教学方法多种多样，其侧重点也各不相同，下面本书将对语法翻译法、听说教学法、任务教学法、交际教学法、情景教学法、个性化教学法与直接教学法进行一一阐述。

（一）语法翻译法

语法翻译法又称为"古典法""翻译法""阅读法"等，是指通过翻译来对比母语与英语语音、词汇、语法之间的相同点和不同点，从而实现对英语的掌握和运用。

语法翻译教学法诞生于 18 世纪，当时语言逐渐进入学校，成为一门课程，同时这也是我国早期高校英语教学的主要方法。语法翻译教学法十分重视学生母语的作用，充分发挥了母语在英语教学中的作用，主张将母语和英语结合起来，这样做有利于帮助学生更快地学习英语。现代语法教学法则着重突出了语法在英语教学中的地位，认为语法是学习英语的核心，认为教师只需具备一些基本的语法知识和翻译水平，就可以从事英语教学工作。语法翻译法把口语和书面语分离开来，把阅读能力的培养当作首要的或唯一的目标。

语法翻译法主要是以教师为中心，教师向学生灌输英语知识和技能。在课堂上，教师主要是讲授，学生主要是记笔记，即使是提问，学生回答的内容也是之前讲过的规则。同时，语法翻译法主要是使用母语，然后通过翻译这一手段来检查教学质量。通常来说，使用语法翻译法主要有如下几个步骤：

第一，对上堂课内容进行回顾和复习。教学活动的内容一般是背诵课文或听写单词。

第二，讲解分析新单词。教师首先将新单词发音教授给学生，让学生反复朗读，进而熟悉单词，最后由教师讲解新词并介绍其使用规则。

第三，讲解课文中的语法规则，并让学生做语法练习加以巩固。

第四，逐词逐句地讲解课文，分析章节中的句子并进行翻译。

第五，教师提出一些问题让学生作答，从而检查学生是否掌握了课文内容。

第六，简单回顾本堂课的内容，并布置作业。

（二）听说教学法

听说教学法又称为"句型教学法"，是指以句型为中心，对学生的英语思维能力进行培养的一种教学方法。在教学活动中，听说教学法着重引导学生避免使用母语，同时注重培养学生的听说能力，对学生的听力与口语进行反复操练，最终形成英语思维习惯。

听说教学法是在行为主义心理学的基础上产生的，被称为"第三代外语教学法"。听说教学法将语言能力分解成听力、口语、阅读、写作四项能力，并沿用至今。今天的高校英语教学中仍旧可以找到听说教学法的影子。听说教学法侧重机械性的操练，因此教师在教学中会尽量使用英语进行讲解，并使用一些录音、录像等辅助设备,让学生能够持续模仿和练习,从而提升学生的语言应用能力。

一般来说,运用听说法组织教学主要涉及如下几个步骤:

第一,通过录音、录像等辅助设备为学生介绍背景知识,在听和看的同时,教师用英语展开内容介绍。

第二,安排对话活动,可以是师生间的对话,也可以是生生间的对话,让学生练习所学内容。

第三,给出句型结构,安排学生不断进行句型操练。

第四,多次播放录音和录像,让学生记忆对话或者篇章的内容,最后让学生达到可以复述或背诵的结果。

第五,回顾本节课堂的内容,并布置作业。

(三)任务教学法

任务型教学是将任务作为教学的焦点和中心,将学习过程看成与教学课程相关的一系列为目标服务的任务的集合。任务型教学法的特点就是将任务作为核心单位来组织英语教学,它以任务大纲为依据,以任务作为单位来组织英语教学,完成教学目标。简单来说,所有教学活动都是围绕任务来展开的,并为任务服务。

(1)任务教学法的三个阶段

任务教学法在实施中主要可以从以下三个阶段着手。其中每一个阶段都有其自身的教学目标与方法。

任务前阶段的教学不仅是为了让学生将自身的已有知识激活,帮助学生构筑语言系统和思维方式,还为了使学生具备完成任务所需要的知识,减轻下一阶段的压力。其主要包含两个小阶段:一是任务准备阶段;二是任务呈现阶段。

任务中阶段就是任务的实施阶段,是学生习得语言技能的阶段。在这一阶段,任务的选择是非常重要的。教师选择任务的难度过高或者过低都不利于学生的英语学习。在实施任务时,教师所采用的方式也是多种多样的,如小组形式、结对子形式等。其中小组形式是最常见的形式,在进行小组活动时,教师应对小组任务、个人任务都有明确的规定,并且给予学生恰当的指导。另外,为了鼓励学生,教师也应该作为小组中的成员参与其中,这样可以更好地了解学生的学习情况,以便进行监督和指导,从而保证任务完成的质量。

任务后阶段主要涉及任务的汇报和任务的评价。在完成任务之后，教师可以让小组代表汇报任务完成的情况。这个代表可以由教师指定，也可以由小组决定。当学生汇报任务时，教师并不是让其自由发展，而是给予一定的帮助和指导，以确保汇报更加自然和准确。当各个小组汇报完之后，教师应该对学生的汇报情况进行评价，指出每组活动的优缺点，并选择出最佳小组。这不仅可以让学生品尝到成功的喜悦，也可以帮学生认识到自己的缺点，同时也能够对他人有一个理智的、正确的认识和评价，帮助学生形成良好的评价思维。

（2）任务教学法的设计方式

任务型教学法将语言任务作为学生学习的目标，对任务完成的过程就是学生学习语言的过程。任务型教学法设计的核心在于：将人们在生活中运用语言来从事的各项活动，引入具体的课堂中，进而帮助学生实现语言学习与日常生活的结合。因此，如何对任务进行设计是任务型教学法能否实施的关键。

简单来说，教师在设计任务时应该着重考虑学生的"学"，让学生具有明确、清晰的学习目标。具体来说，主要从如下几个层面着眼。

①设计真实意义的任务。

所谓真实意义的任务，即与现实生活贴近的任务。在教学中，教师所设计的任务应该是对现实生活的演练与模拟，学生通过完成这些任务，不仅能够掌握具体的语言知识与技能，还能够将这些能力运用于具体的生活中。

②设计符合学生兴趣的任务。

大学阶段是学生发挥兴趣与特长的重要阶段与关键时期，因此教师在设计具体的教学任务时，应该从他们的心理与年龄特征出发，设计出与他们的兴趣相符的任务，并且内容也要具有新颖性。例如，以师生互动、生生互动的形式进行角色扮演或开展演讲等都是比较好的活动。

③设计能够输出的任务。

教师设计的任务应该是真实的，是与学生的语言水平相符的输出活动。也就是说，任务需要以"说、写、译"这些"语言输出"的形式进行呈现。

教师在设计任务时，最重要的一点是需要考虑学生在任务完成的整个过程中能否自然地运用英语。当然，完成任务并不是任务型教学法的主要目的，而是要求学生在完成任务的过程中习得英语。英语课程就是要让学生逐步在运用中内化知识，这就需要教师在设计任务时，应该让学生通过完成任务自然地掌握英语知识，内化英语知识，习得英语技能。

（3）任务教学法设计的基本要求

任务型教学法在设计时需要做到如下三点。

①分清"任务"与"练习"的区别。

当前，很多教师在设计任务型教学课程时，未分清楚"任务"与"练习"的区别，导致很多任务型教学课程只是课堂练习。事实上，任务型活动与课堂练习有着本质的区别，任务型教学活动不是对语言进行机械的训练，而是侧重于在完成任务的过程中对学生自主能力与学习策略的培养，重视学生在任务完成过程中获得的经验。只有通过真实的任务，才能保证学生获得有意义的语言输出，才能让学生真正地学会获取、使用信息，用英语与他人展开交流与合作。

②准确把握任务的度与量。

任务的难易度与数量要与学生的英语水平相符合，因此教师在设计任务时应该根据"最近发展区"的原理，既不能对教学要求予以降低，也不能超过学生的英语能力与水平。教师在进行教学活动之前必须要确定学生发展的"两个水平"。第一个水平是学生现有的发展水平，是学生通过先天性或者偶然性自然成长所形成的稳定的内部心理机能，在独立解决问题时会表现出来。第二个水平是学生潜在的发展水平，是还在发展的内部心理机能，也是学生在家长和教师的指导下或与同伴合作的情况下所表现出来的解决问题的能力。最近发展区就是这两个水平之间的差距，是学生可能的发展区域。

该理论指出，教育者必须要准确了解学生目前的能力水平，并且为学生找到潜在发展水平，确定最近发展区，设计教学过程，引导学生走向更高的潜在发展区。该理论确立了教学在学生成长过程中不可替代的先导性作用。学生的最近发展区是一个动态变化的区域，向第三个区域，即未来发展区不断移动。

③注重教师的多重任务。

虽然英语课堂强调以学生为主体，但是在实施中，教师的作用也不能忽视。也就是说，教师在教学中也需要发挥主导作用。一般来说，在任务型教学法中，教师需要承担如下几项任务。

其一，设计与学生水平相符合的真实的任务。

其二，为学生提供完成任务的材料，并从旁辅助学生。

其三，对学生的输出提供帮助。

其四，对学生的输出结果给予反馈意见。

任务型教学以学生使用英语完成任务作为中心，学生是任务的沟通者，也是语言的交际者。教师是组织者、参与者、帮助者，参与到学生的任务中，还需要对课堂加以控制，并对结果给予评价。如果教师将任务交给学生之后，就作为一个旁观者，那么这样的教学效果是不容乐观的。总而言之，教师在任务型教学中要发挥好自己的多重责任。

需要指出的是，任务型教学法在当前的高校英语教学中广泛应用，但是受各种因素的影响，如任务难度难以把握、英语环境常常缺失、大班教学现象、师资力量不足等情况，导致当前的任务型教学法仍旧存在明显的问题。因此，在今后的"互联网+"时代高校英语教学中，教师应该不断积极学习与研究，认真开发与利用，争取让任务型教学法在高校英语教学中发挥出更大的作用。

（四）交际教学法

交际教学法产生于20世纪70年代的西欧共同体国家，又可以称为"功能法"，其是建立在海姆斯、卡纳尔和斯温理论的基础之上的。该教学法强调学生的中心地位，注重教学过程的交际化和教学内容、教学方式、教学环境的真实性，且侧重实践模拟。

在交际教学法的实施中，小组活动是最常见、最有效的一种途径。小组活动是将学生划分成若干个小组，由小组内部成员共同完成教师布置的任务，并在实践中不断提升自己的交际能力。通过小组活动，能够不断提升学生的语言交际能力，给学生提供更多交际的机会。具体而言，小组形式的交际教学实践活动可以划分为以下几个步骤：

第一，对小组进行划分。首先，要确定小组的规模，一般认为3~6人是最适宜的人数，这样有助于学生进行面对面的交流和练习。其次，确定小组内成员的语言能力，一个小组内成员的语言能力不可能都偏低或者都偏高，应该均衡搭配。

第二，教师对小组内成员进行分配角色，确定组长、副组长，主要是为了协调小组活动。

第三，布置具体的交际活动，活动的主题和素材应该从大多数学生的实际情况出发，并且每一个活动都应该选择一个恰当的、合理的主题。

第四，让学生根据这一主题展开讨论。

第五，教师对学生进行提问，激发学生积极参与的热情，在提问时应该先整体后局部，并给学生留下充足的时间去思考，最后让学生给出答案。

（五）情景教学法

情景教学法是师生将教学内容与场景、角色融为一体的仿真型教学模式。这一教学法消除了传统教学法的一些弊端。实践证明，情景教学法是对以讲授、问答、练习为主的教学法的补充，不仅有利于提升学生的语言运用能力，还有助于提高教师的教学质量。

情景教学法的实施有助于提高学生英语学习的积极性和主动性。具体而言，情景教学法包含如下几个步骤。

第一，课前准备。教师让学生对本堂课所要讲述的知识进行预习，将要模拟的案例资料预先告诉学生。

第二，创设情景。要尽可能地接近真实的场景，使学生一进入这个场景就有身临其境之感，能够迅速进入角色中。

第三，分配角色。包含独白者及场景中的各种具体角色。

第四，情景模拟。学生对案例场景进行完整的模拟。

第五，在模拟之后，教师对学生的表现进行点评，充分发现学生做得好的地方，并指出学生做得不合理的地方，然后和学生共同探讨如何做得更好。

传统的教学模式具有很大的局限性，课堂内容显得枯燥、单调。因此，在现在的英语教学中，教师应该模拟出真实的社交环境，给学生创造出身临其境的参与感，在实际训练中提高英语成绩。

随着网络技术的发展，多媒体越来越多地被应用于现代教育中，这扩展了教师的教学方法和学生的知识获取渠道，借助于新技术的运用，教师可以为学生提供更加优质的教学环境和真实的语言模拟情景，在情景中提升学生的英语知识水平和实践能力。

传统的教学模式严重疏远了教师和学生之间的距离，二者之间缺乏足够且有效的沟通，形成"你说我听"的被动状态。而在多媒体教学环境下，通过创造真实的情境教学，可以拉近师生之间的距离，为师生提供更多的交流机会，也激发了学生的学习兴趣。情景教学法强调在英语教学中充分运用生动、逼真的意境，使学生有身临其境的感觉，运用情景中传递的信息和语言材料，促进学生获得全面发展。教师也应该使用不同的手段，进行英语教学，如可以鼓励学生收听英语广播、观看英语影视剧或阅读英语书面作品等，通过情景交流和视听结合的教学方法，学生可以从不同方面提升自己的英语水平，同时也从真实环境中熟悉英语的语境、声调及运用方法等。

总的来说，情境教学法突破了以往教学模式的束缚，利用多媒体技术开拓了教学空间，拉近师生之间的距离，提高教学质量，并且能够激发学生的学习兴趣和自主学习能力。

（六）个性化教学法

英语教学是面向学生的，因此要坚持以学生为中心。学生不同，其心理特征、精神面貌也存在差异。因此，必须尊重学生的个性化特征及其身心发展的客观规律，这也是国家对高校英语教学工作最起码的要求。另外，不同的学生、不同的个体、不同的特征也要求高校英语教学应该将侧重点放在学生自身的爱好和特长上。在高校英语教学中应采用个性化教学法，这不仅有利于提高教师教学的效果，也有助于促进学生的全面发展。

受教学理念、教学目标、教学技术等不断发展的影响，在英语课堂教学中，采用个性化教学法可以发挥学生的个性特点，展现学生的个性优势，提升学生的个人能力，从而提高英语课堂教学的效果。但是，如何实施个性化教学法呢？

首先，要尊重学生的个性发展。我国当前的教育教学十分关注学生的素质教育，而素质教育和学生的个性发展有着紧密的联系，两者是相互依赖、相辅相成的。因此，在高校英语教学过程中，教师必须要重视个性化教学对素质教育的意义，同时加强学生思想品德的培养，提升学生的综合素养。

其次，要尊重学生的主体地位。在英语教学中，学生占据主体地位。因此，教师应该以学生为中心，尊重学生的主体地位。只有这样，才能突出学生的主体地位，充分发挥学生的主体作用，提高学生英语学习的积极性和主动性，从而有效地提高英语教学效果。

最后，要尊重学生的自尊心。自尊心是人类行为中最有渗透性的方面，对人类行为具有十分重要的影响。甚至可以说，一个人没有一定程度的自尊心、自信心和对自己的了解，就无法进行任何关于成功的认知和情感活动。就英语教学而言，学生的学习效率和效果受到自尊心的重要影响，而学生的自尊心在很大程度上来源于教师对学生的尊重。因此，每个教师都有责任尊重学生的自尊心，即使学生身上有各种各样的缺点，教师也不应表现出忽视或轻视的态度，而应多关注学生身上的闪光点，并予以肯定，这样才能帮助学生更好地进步。

（七）直接教学法

语言的学习是一种习惯的养成过程，必须经过反反复复的使用和练习。直接教学法鼓励学生不依赖母语，通过思维与外语的直接联系来教授外语。直接教学法认为，英语学习应该首先以语音学习为主，语音是学好英语的重要基础。同时，直接教学法也强调，要将母语和英语及实际联系起来，让学生逐渐养成英语思维，从而潜移默化地提高学生英语成绩。在课堂中，要从词汇学起，只有明白单词所代表的事物、意义和客观现象之间的联系，才能进一步学习语言规则。直接教学法重视听觉感知和听觉记忆，对培养学生的语调，特别是对培养学生的活动能力有明显的效果。这样，就把听说教学提高到了前所未有的重要地位。

教师在教学过程中，不能局限于某种固定的套路，应该转变教学思维，将各种方法联系起来，选择适合自身教学思路与学生接受程度的方法。这样可以有效发挥学生的主观能动性，加深师生之间的交流，更好地提升学生的英语水平。

每一种英语教学方法都有其特点和应用范围。在教学活动中，教师要认真研究每一种方法的优缺点，取长补短，将各种方法结合起来，既不能一味地追求某种方法而不思变通，也不能不求方法而随心所欲。教师应根据教学内容的安排，选择合适的教学方法。实践证明，没有任何一种教学方法是万能的，能适用于任何教学模式，如果过度依赖某种方法，就会导致在教学活动中出现偏差。目前，大学生可以通过多种多样的途径获取学习资源，相应地，教师必须转变教学模式，结合现在教育环境的变化和丰富的教育资源，选择合适的教学方法，从而有效进行高校英语教学。

第二章 "互联网+"时代高校英语教学概述

本章为"互联网+"时代高校英语教学概述，重点从三方面进行阐述，分别为"互联网+"教学概述、"互联网+"时代高校英语教学的挑战与困境，以及"互联网+"时代高校英语教学的机遇与展望。

第一节 "互联网+教学"概述

随着"互联网+"时代的到来，生活和学习都因此而变得更为便利和快捷，各行各业也迎来了更多发展的机会，人们的意识形态也随之悄然改变。在这种情况之下，英语教学也应跟随时代的潮流做出相应的改变。在此，我们将对"互联网+"及"互联网+"时代下的教学与英语教学进行具体的论述。

一、何为"互联网+"教学

（一）"互联网+"概述

"互联网+"是计算机技术、多媒体技术、网络技术及通信技术的统称，是现代社会高速发展的新兴产物。当今的社会是一个信息为主导的社会，"互联网+"所包含的高新技术推动着我国经济环境和社会环境的变革与发展。在"互联网+"的影响下，我国社会经济发展更为迅速和蓬勃，社会经济形式也在不断被优化。此外，它还为我国的在线学习平台提供了更为丰富多样的网络资源和网络支持。"互联网+"在某种意义上是互联网和所有传统产业相结合的统称，但这绝不仅仅是简单的"1+1"的模式，而是在高新科技的影响下，利用信息通信技术和发达的互联网平台，让互联网和传统产业进行深度的、高效的融合，从而创造一种崭新的发展方式。

也就是说,"互联网+"在社会资源配置中起到了整合资源、优化再分配的作用,正是因为它的参与,许多创新成果才深入社会经济的各个角落和各个领域,从而提高了全民的社会生产力和创新力。

(二)"互联网+"教学的发展历程

这里主要介绍我国"互联网+"教学的发展历程,即信息技术教育发展历程。

我国曾将信息技术教育通俗地称作"电化教育"。这个名词是我国独创的,萌芽于20世纪20年代,起步于20世纪30年代,电化教育的发展经历了漫长的历史,大概可以将其划分为以下几个阶段。

1. 诞生阶段

20世纪30年代以前,我国信息技术教育的发展与应用主要是西方信息技术教育在我国西式学堂的应用,与同一时期的西方教育的教学应用相比,应用范围小,技术应用落后。

在诞生阶段,我国就存在将无声电影、幻灯、无线电播音等运用到教育中的现象。早在20世纪20年代,陶行知先生就曾在教学中尝试运用幻灯;在无声电影制作、幻灯放映方面,南京金陵大学也做了很多试验。此外,还有一些单位在这个领域做了不同程度的尝试,如上海"商务印书馆"、镇江"民众教育馆"等。

2. 初步发展阶段

1932年,"中国教育电影协会"在南京成立,主要参与人员是我国教育界人士。当时电化教育工作刚开始流行于民间,随着民间活动的盛行,官方当局于1935年开始对电化教育工作进行规划和实施。

1936年,视听教育被统称为"电化教育",出现在《学校生活》杂志中,这是由美国联邦教育署出版的。同年,"电影教育委员会"和"播音教育委员会"成立,同时"电化教育人员训练班"在金陵大学开设,"电化教育"一词首次被正式使用。

1940年成立电化教育委员会,其实就是"电影教育委员会"和"播音教育委员会"的合并。当时,教育界有识之士为促进电化教育在我国的进一步发展而进行努力探索,专著《有声教育电影》的出版、周刊《电影与播音》《电化教育》的发行、"电化教育系"的创设及"中华教育电影制片厂"的建立等都是努力探索的成果。但当时我国贫穷落后，很难大规模地对电化教育进行推广。

20世纪30年代，我国现代教育技术进入课堂，标志着我国现代教育技术正式起步。

我国电化教育从中华人民共和国成立到20世纪60年代初获得了初步发展，具体从以下几方面表现出来。

首先，幻灯、电视、录音、唱片、无线电播音、电影等越来越多的电教手段被不同程度地运用到教育中，如华东师范大学试办上海电视大学，采用电视授课。

其次，电教手段在各类教育中都得到了一定的普及，如中小学教育、大学教育、成人教育等。

再次，出现专门对电教教材和电教设备进行生产的产业，批量生产开盘式录音机、电影放映机、幻灯机等电教设备。几家幻灯制片厂、科技教育电影制片厂成立，一批教学电影片、幻灯片被制作出来，并被运用到学校教学中。

最后，一些地方成立专门机构推动电化教育的发展，并建设了电化教育的相关队伍，虽然规模较小，但他们非常热衷于为我国电化教育的发展做贡献。

中华人民共和国成立以后，为了适应当时社会教育的需要，宣传党的方针政策，深入学校教育，改进教法，提高教育质量，我国开始推广试用新的教育技术。

1945年，苏州国立社会教育学院建立电化教育系，这是我国最早的现代教育技术系。1951年，北京辅仁大学开设电教课程。其为中华人民共和国成立后第一个开设电化教育课程的学校。随后几年，我国一直进行现代教育技术的教育实践尝试，并逐步推进现代教育技术在课堂上的应用，不仅在教学硬件设施上有所发展，还促进了教学模式的发展与变革，如创编广播函授学校、成立电视大学。

3. 迅速发展阶段

我国电化教育在20世纪70年代中期到20世纪80年代末期发展迅速。20世纪70年代中期之前，由于各方面因素的影响，严重制约和破坏了我国电化教育的发展，直到20世纪70年代后期，电化教育才重新在我国起步，发展速度也不断加快。

我国相继成立电化教育委员会、电化教育委员会办公室来专门发展电化教育，电化教育馆（站）在全国各地纷纷建立，电教中心在各高等院校建立，电教室（组）也逐渐出现在很多中小学中。在这些机构从事相关工作的有十多万人，他们都是电化教育发展中的贡献者。随着电化教育的发展，电教设施在中小学的配置越来越完善，专用计算机房、语言实验室、电化教室等更高级别的电教设备在发达地区的中小学中不断出现，投影机、录音机和银幕几乎成了每个教室的标准配置，甚至计算机多媒体设备、闭路电视也被运用到一些学科的教学中。

随着电教教材、电教设备等建设规模的扩展，有关单位几乎针对中小学中的所有学科对计算机教学软件、投影幻灯教材或录音录像教材等进行了编制与设计。在各学科的教材改革中，建设电教教材是一项主要任务，对电教教材的制作要有组织性、计划性，要根据纸质教材配套制作，然后在各年级逐步推广，投入使用。20世纪80年代，随着"电化教育"名称之争的出现，电化教育的学术气氛越来越活跃，电化教育理论也越来越充实、完善。

改革开放后，随着一系列政策的实施，我国出现了翻天覆地的变化，在教育技术领域主要表现为国际学术交流频繁，我国利用交流的机会不断引进国外教育技术研究的新成果和发展的新经验。国外教育技术以系统方法为核心，对我国电化教育具有重要的影响，具体表现为对理论概念、发展理念及研究方法等方面的影响，从此我国对这个领域有了新的认识，并从新的角度来深入研究，呈现出综合化、深层化的研究新趋势。

"深入课堂，深入学科"是电化教育在这一时期发展的一个特征。电化教育以课堂教学为中心，取得了较快的发展，各地投入这项实践的学校和教育工作者越来越多，于是便形成了以下特征。

第一，在电化教育开展过程中，一线教师成为不可或缺的主力军，开展电化教育直接关系着教学任务能否完成、教学质量能否提高。

第二，电化教育不仅是简单地运用电教媒体，而是在整个课堂教学过程中贯穿电化教育。电化教育中要做的工作、要完成的任务丝毫不比一般课堂教学轻松，一般课堂教学中要做的事、要完成的任务，通常在电化教育中也要做、也要完成。不同的是，电化教育是将电教媒体引进课堂教学中，所以在一般课堂教学中没有的现象反而会出现在电化教育中；电化教育也要参考一般课堂教学的设计原理，从而对课堂教学进行改进，提高教学质量与效率。

第三，教育工作者不再单独采用某一电教媒体进行教学，而是在整个教学过程中应用多种电教媒体，并处理好相互关系，电教媒体被重新定位，在整个教学设计中都或多或少呈现出电化教育的痕迹。

第四，电化教育在教学工作的各个方面逐步渗透，而不是简单地特指一些电化设备、电化教育媒体等的应用，整体教学改革、教学效益与电化教育直接相关。

4. 深入发展阶段

从20世纪90年代至今，电化教育在我国处于深入发展阶段。随着教学领域中对多媒体计算机和网络技术等的大量运用，电化教育在我国的发展越来越迅速、层次越来越深。"中国教育与科研计算机网络"的开通将百余所高等学校与一些拥有较好电教设备和较强技术力量的中小学校联系起来，这有力地推动了我国互联网教学的发展。

随着现代技术的不断发展，我国在教材建设中越来越重视音像电子教材的制作与编排，主要载体有幻灯、投影、视盘、录音、计算机软件、录像等。我国教育软件市场基本形成是在1995年。《中小学计算机教育软件规划（1996—2000年）》于1996年9月颁布，明确提出"九五"期间我国研制与开发计算机教育软件的主要目标和主要策略。1996年，我国"九五"重点科技攻关项目中新增"计算机辅助教学软件研制、开发与应用"项目，我国投入巨额资金来开展这个项目，1999年7月，该项目已结题。

视听教育媒体的理论与应用研究在很长时间内都是我国现代教育技术的研究重点，但从20世纪90年代后，多种媒体组合运用和学习过程的研究，尤其是关于教学系统设计、开发、评价、管理的理论和实践研究成为新的研究重点，我国在这方面做了大量的研究工作。能体现出这些研究重点的研究项目有"电化教育促进中小学教学优化课题实验""电化教育促进中小学由应试教育转向素质教育的实验研究"等，这些研究取得了良好的成果，对教育、社会都有积极的影响，而且也使我国教育教学的深化改革取得了显著的成就。这些研究也呈现出以下几点明显的特征。

第一，对教育教学改革的研究是深化教育改革的重要举措和突破口。

第二，重视研究教育教学中信息技术的应用。

第三，重视学习理论在教学系统设计中的应用。

第四，研究方法规范化、多元化。

当前，我国教育教学的深入改革与科学发展离不开现代教育技术的推动，教育工作者要将现代教育技术作为一门必修课来认真学习。现阶段，我国在教育教学研究中对整体教学效果更为关注，对现代教育技术在一节课、一个教学单元及一门学科中产生的影响进行深入探索与研究；同时，教育工作者对现代教育技术也有了更加全面、深入的认识，并在科学认知的基础上发挥现代科学理论和方法对教育教学的指导作用。需要注意的是，教育技术不仅要解决教学的局部问题，更要解决教学改革的整体问题。

5. "互联网+教学"阶段

早在1996年，清华大学王大中校长就提出了发展现代远程教育，并于1998年推出了网络版的研究生进修课程。同一年，教育部也在一些重点院校进行了试点，通过推广给教育带来了新的契机。

为了更好地推进教育创新、教育改革、促进信息技术在教育中运用，教育部于2003年启动精品课程，提倡学生应该自主学习，增加高校的投入，构建精品课程体系。

2008年，互联网与教育的结合出现了全新的开放式课程模式，就是所谓的慕课，将"互联网+教学"推向一个新的高度。现在，"互联网+教学"的模式有很多，如慕课、微课、翻转课堂、线上线下混合模式等，这会在后面章节做探讨，这里就不再多加赘述。

（三）"互联网+"教学的本质

其实在"互联网+"提出之前，互联网教育已经有了近10年的发展历史，这表示即使政府不制订"互联网+"计划，"互联网+"教学的模式探索与尝试也已经展开，大数据、云计算、互联网……逐渐与教育相互结合，教育的形态被"智能"的力量重塑，可以说，教育行业已经实现了互联网化。互联网成为教育变革的一大契机，但是它只是针对传统教育的升级，其目的不是去颠覆教育，更不是颠覆当前学校的体制。基于此，本书认为，"互联网+教学"的核心和本质就是基于"互联网+技术"，实现教育内容的持续更新、教育模式的不断优化、学习方式的连续转变及教育评价的日益多元化。

二、何为"互联网+英语教学"

(一)"互联网+英语教学"的内涵

想要明确"互联网+英语教学"的内涵,我们首先要明确何为"互联网+教育"。关于"互联网+教育",不同学者给出不同定义。

朱月翠认为"互联网+教育"是教育与互联网的深度融合,通过线上教学的方式辅助课堂教学,助力学生个性化与自主化学习的共同发展,具有跨时空、信息化、数字化、自主化等特点。[①]

秦虹认为,"互联网+教育"的紧密结合不仅能为学生提供多样化的学习工具,更能促进教学质量的提升,是教育领域的一次重要变革。[②]

吴南中认为,"互联网+教育"是教育与互联网的深度融合,这次变革贯穿教育的全程,体现为人才培养目的、人才培养过程、人才培养评价以及教育机制体制等多方面的变革。[③]

张海生认为"互联网+教育"既从理念上促进了教育的革新,又提供了一种新型的强调自主化、公平化的教育模式。[④]

综上所述,本书将"互联网+教育"的概念界定为:互联网技术与教育深度融合,促使教学模式多样化、教育资源数字化、教育评价多元化、学习方式个性化、学生学习自主化,是一次全方位多层次的教育变革。而具体到"互联网+英语教学",其指的是在专业的英语教学基础上借助计算机、多媒体、各种教学软件而形成的一种新的教学模式。下面,本书对"互联网+英语教学"的内涵进行更为详细的释义。

一方面,互联网与教学相结合,使得教师的"教"发生了重大变化,教师不再仅局限于课堂上"填鸭式"的教,而是发生了显著的变化,其主要表现在课前准备量变大、课中管理难度变大、课后与学生交流增加三个方面。互联网与教学相结合,使得教师在课堂上可以利用网络多媒体辅助教学,在课堂上为学生展示

[①] 朱月翠,张文德. "互联网+"教育基本模型探析 [J]. 中国教育信息化,2015(19):12-15.
[②] 秦虹,张武升. "互联网+"教育的本质特点与发展趋向 [J]. 教育研究,2016,37(06):8-10.
[③] 吴南中. "互联网+"教育内涵解析与推进机制研究 [J]. 成人教育,2016,36(1):6-11.
[④] 张海生,范颖. "互联网+"教育时代的学习新形态:主要类型、共性特征与有效实现 [J]. 中国远程教育,2018(10):24-34.

更多的素材。"互联网+"背景下的"教"依托互联网，教学已不囿于固定场所和固定时间。没有围墙的学校、没有课桌的教室、没有教师的课堂，都可以是"互联网+"教学的新型组成方式。另外，传统教学中由教师组织和主讲的形态，可以变成学生打破时空限制的自主学习，以及充分利用互联网资源进行探究学习，如翻转课堂等。在这样的组织形态下，可以实现教师的差异化教学和学生的个性化学习。

在"互联网+英语教学"中，各类网络教学平台、网络教学系统、网络教学软件、网络教学视频等教学资源逐渐形成网络教学模式的基本框架。互联网和移动互联网突破了课堂上的时空限制。通过手机等移动终端，师生之间、学生之间可以随时随地交流。在这些变化的影响下，传统的师生关系也开始发生变化，教师不再是居高临下地灌输知识，而更多的是提供资源的链接，实施兴趣的激发，进行思维的引领。此外，互联网还将教学的"触角"伸向任何一个角落，学生通过网络能够见到自己仰慕的教师，在这种情况下，只要有网络、一个移动终端，便能实现"课程任意选，老师任性挑"的"私人定制"式教育。如此一来，"因材施教"真正成为现实。互联网力量之所以强大，最根本是来源于对人的需求的尊重、对人的体验的崇敬和对人的创造性发挥的重视。互联网时代通过大数据技术，挖掘学生的个性化需求，从而使提供个性化教育方案成为可能。

另一方面，互联网教学既包括教师的"教"，也包括学生的"学"。随着教师"教"的变化，学生的"学"也随之发生变化，学生的学习观念和学习行为都发生了变化。学生由被动学习逐渐转变为主动学习，通过师生之间的互动，增加了师生之间的情感，让学生可以更好地认识到自己的不足之处，从而更有针对性地学习。

总之，在高校英语教学工作中，教师需要充分利用"互联网+英语教学"的模式，将传统的高校英语教学方式从内向外进行打破，使得高校英语教育工作从以往的传统、保守、死板、枯燥的氛围中解脱出来，打破传统教育对高校英语的垄断，使得高校英语知识能够在互联网的推送下自由流通，使得更多的优质教学资源突破地域、时间、师资力量的限制，引导更多的人通过互联网学习英语课程，提高我国人口的综合素质。

（二）"互联网+英语教学"的目标

在高校英语原有目标的基础上，"互联网+英语教学"提出了具有提升性的新教学目标。

1.激发学生对英语知识的学习兴趣

在"互联网+英语教学"中,全面激发学生对英语学习的兴趣,是有效促进高校英语教学的关键措施。其中,最为重要的方面之一就是积极促进学生对于英语知识内容的学习兴趣,进一步提升学生对于英语课堂教学的学习积极性,以此来进一步促进学生的英语学习意识与学习激情,从而夯实英语教学的基础环节。因此,在教学过程中,英语教师要注重培养学生的兴趣。教师要言传身教,在教学过程中,要将自己对英语的热情、对英语知识的探索精神通过教学展现出来,从而启迪学生的心智,感染学生心灵;引导并组织学生多思考英语知识,从而开阔学生的眼界,提高学生对英语的感情认知和理解;引导学生将所学的英语知识和技巧充分运用到对英语问题的理解和分析中去,培养学生对英语的感受力、理解力和思维能力等,加快学生感性认知到理性认知的转变进程,从而夯实基础。

2.进一步培养学生的英语学习能力

对于"互联网+英语教学"而言,英语教师要注重培养学生对英语知识、对英语问题的解决能力,逐步提高学生的英语核心素养,以此促进英语课堂教学。教师要围绕学生英语学习能力的提高,拓宽学生的视野,创新教学内容,促进"互联网+英语教学"内容与其他学科学习内容的有机融合与不断发展,将英语教育与艺术、文化等学科有机地结合起来,培养学生对英语的兴趣,提高学生的英语学习能力,激发学生对英语知识的理解,从而促进学生正确"三观"的形成,以此确保学生的英语核心素养逐步提升。

3.着力提升学生的英语思维

在英语教育的过程中,教师要进一步端正教学态度,重视培养学生的英语思维培养。培养学生的英语思维和问题处理能力是教学的主要目标之一,在此过程中,英语教师要围绕英语基础知识等方面,加强对学生的培养,使学生能充分运用自己的感悟能力和思维能力来理解英语知识的逻辑,强化学生对英语问题的思考、记忆、理解、创新的逻辑能力,促进英语教学的质量提升。

4.注重确立多元化的培养目标

在"互联网+英语教学"中,需要进一步采取以下目标,具体包括培养合格的英语人才，培养学生的英语核心素养，促进英语教学的逐步发展。随着对学生英语核心素养的不断探索，人才培养目标还需要在实践中不断完善，"互联网＋英语教学"应始终以人才培养需求、学生发展为导向。

对于各高校而言，在英语教学中，需要进一步促进学生英语核心素养的逐步培养。在"互联网＋英语教学"中，培养学生对英语知识的认识，引导学生对英语问题的思考与探索的同时，更加注重学生英语精神的塑造，使其成为英语学习的积极引领者，逐步提升学生的英语思维能力与发展能力，以此进一步促进英语教育的发展，培育学生的英语核心素养。

（四）"互联网＋英语教学"的原则

从"互联网＋英语教学"特点中不难看出，其要比传统教学更具优势。"互联网＋"背景下，高校英语教学的教学方式、教学手段、教学目标等都与传统英语教学有所不同。因此，"互联网＋英语教学"除了需遵循上文提到的教学原则，还需要遵循以下几种教学原则。如果没有这些教学原则的指导，其很难实现事半功倍。

1. 多媒体呈现原则

多媒体是有声动态影像结合文字与声音的一种传达方式。声音加图像的形式要明显比单独表达方式有更大的优势，更容易引起动机、集中注意力。在"互联网＋英语教学"中，学生需要同时接受言语信息与形象信息，这比单纯接受单一的信息更有意义。例如，在英美文学的学习中，学生一边听解说，一边通过幻灯片、录像、动画等看到与材料相关的视频信息，其学习效果会比单独听录音、单独看文字材料更有效果。在这一环境下，学生能够同时建构两种心理表征——言语表征与视觉表征，并建立起言语表征与视觉表征之间的联系。

2. 时空同步原则

如前所述，言语信息与视觉信息的同步呈现要比两者分散形式更有优势。换句话说，相关的言语信息与视觉信息是出现在同一时空，而不是分散的或分别的，因此会更有利于学生接收和理解教学内容。例如，学生在了解自行车打气筒的工作原理时，如果一边听声音解说，一边观看动画演示，就能够很容易了解和把握。这就是所谓的"时空同步效应"。在"互联网＋英语教学"中，相关的言语信息与视觉信息需要同步进入工作记忆区，便于二者建立联系。

3. 注意分配原则

在"互联网+英语教学"中，言语的呈现需要通过听觉信道，而不是视觉信道。例如，学生通过听解说、看动画来了解材料内容。当解说词与动画都以视觉形式呈现时，学生不仅要对动画信息加以注意，还需要对文字信息进行关注，因此会导致视觉负担加重，造成部分信息丢失。但是，当文本信息和图像信息分别以听觉、视觉呈现，学生可以在听觉工作记忆区加工言语表征，而在视觉工作记忆区加工图像表征，这就大大减轻了学生的视觉负担，有利于学生对信息的理解和接收。因此，"互联网+英语教学"还需要坚持注意分配原则。

4. 个体差异原则

与基础好的学生相比，上述三条原则对于基础差的学生更有效；与形象思维差的学生相比，上述三条原则对形象思维好的学生更有效。因此，这些效应的产生都与学生的个体差异有密切关系。"互联网+英语教学"应该坚持个体差异原则，注意区分学生的原有基础知识能力及形象思维能力，使不同差异的学生都能够实现最好的言语与图像的结合，从而获取所需的英语知识。

5. 紧凑型原则

注意广度也叫注意范围，指在同一时间内能清楚地把握对象的数量。在多媒体教学中，图文并茂，声图结合必不可少，为了保证学习的效率，在教学设计中，教师应事先考虑学生注意广度这一因素。基于网络多媒体的英语教学需要坚持紧凑型原则，这样有助于言语信息与图像信息的应用。在"互联网+"环境下，学生接收短小精悍的言语信息和图像信息，其学习效果更好。

6. 以学生为中心原则

"互联网+英语教学"还需要坚持以学生为中心原则。在学习过程中，学生根据自身实际水平和特点主动参与学习，选择适合自己的学习内容，建构自己的英语知识。特别是在人机交互中，学生能够积极思考、动手操作，从而激发自己的学习兴趣和积极性。

总之，这种以学生为中心的"互联网+英语教学"不仅为学生提供了自由的空间，也为学生提供了高密度、大容量的内容，保证了他们的学习效果不断提高。

第二节 "互联网+"时代高校英语教学的挑战与困境

一、"互联网+"时代高校英语教学面临的挑战

"互联网+"时代强调互联网的普遍性、移动性，信息技术的发展使人们可以利用智能终端（智能手机、平板电脑等）随时随地访问互联网，改变了人们获取知识、获取信息的方式和手段的同时，也改变了学生的学习观念和学习方式。移动互联网技术的迅猛发展，给传统依靠黑板、粉笔、幻灯片、投影仪的英语教学带来强大的挑战，打破了学生学习的时空限制，也要求教师重新思考和定位自己在英语课堂教学中的角色。

（一）挑战传统的英语教学模式、方式与手段

传统的英语教学是围绕教材循序渐进地讲授语言知识，开展以教师为主体的"填鸭式"教学。随着互联网的发展和慕课、微课的兴起，教学内容不断拓展、丰富、多样，学生随时随地可以通过互联网获取各类地道的语言材料和语言专家的权威讲解，语言输入突破了课本的限制，语言学习突破了时间和地域的分隔。

当前，传统的黑板加粉笔的"填鸭式"教学模式经过改革，已上升到多媒体教学，即幻灯片、投影仪的教学手段。虽然有了一定的进步，加大了信息量，使上课更加生动有趣，但仍有互动性不足，课后很快忘记课堂内容，不具备可重复性的劣势。立足"互联网+"时代，教师不再是学生获得知识的唯一来源。教师通过课堂的讨论和合作教学，让学生自学的内容得以内化，课后对学生再进行检测和交流，进一步巩固所学内容。教师为学生的自主学习资料把关，虽然网络知识具有无限性，但是质量良莠不齐，需要教师加以甄别、推荐和分享优秀的网络资源，或者也可以经过本校教师的努力，制作出适合本校学生的知识文本，上传到网络，以供学生学习。

当现代信息技术应用于英语课堂以后，教师的教学工具和学生的学习工具均发生了改变，计算机软件、多媒体课件、网络教学系统等成为教学的常用工具，知识的来源更加丰富，知识的呈现方式更加立体，封闭的、孤立的、单向的课堂教学被打破，参与式、讨论式、交互式成为高校英语课堂教学的主要方式，以教

师为中心的课堂正在向以学生为中心的课堂转变。

上述种种，都对传统的英语教学模式、方式、手段带来巨大挑战，传统高校英语教学亟待转型革新。

（二）挑战传统的英语学习观念与学习方式

如前所述，在"互联网+"时代下的高校英语教学中，教师不再是教学活动的主体，学生在教师的引导下，慢慢成为主体。在教师的引导和启发下，学生不再是被动的接受者，而是主动的学习者。互联网的普及使得学生可以通过教学信息平台获得教师提供的大量的学习资料。学生在课前通过对这些资料的自学，在课堂上教师对这些知识点进行梳理，检查学生的学习的程度，帮助学生对知识点进行内化，布置课后练习。学生通过自主学习，和教师进行互动，提高了学习的积极性和兴趣，也大大提高了英语学习的质量和效率。

互联网技术与英语教学的融合，为学生提供了更加丰富的教学素材及便捷的学习方式，学生能够进行自主、主动、合作个性化的英语学习。"互联网+"时代的到来，让课堂单向性的知识传递方式转变为学生自主学习的方式，学生在英语学习过程中具有了更大的自主选择性，通过互联网技术学生能够随时随地地自主选择教学方式。

同时，在"互联网+"的影响下师生之间的教学互动性也有了明显增强，互联网教学平台为师生之间的及时互动提供了可能，教师能够随时掌握学生的学习进度，学生也可以随时随地向教师提出疑问，这种即时、高效、自主的学习方式对于学生英语教学质量的提高有着积极影响。

传统课堂教学中，学生端坐在教室里，课桌上摆放着英语教材，教师手拿教本认真讲解，学生认真听讲，偶尔做做笔记，听课成为学生学习的主要方式。信息技术在高校英语教学中的应用大大拓展了课堂，丰富了教学资源的表现形式，变革了课堂的教学方式，学生学习的主体性和主动性得以发挥，学习方式从单一走向多样，被动学习逐渐变为主动学习，学生可望真正成为学习的主人。

（三）挑战英语教师应具备的素质

互联网技术发展对教师的教学信息的加工、传播、反馈与收集能力提出了一定的要求。新时期，高校英语教师要学生互联网技术并将其合理应用于高校英语教学，就必须掌握一定的互联网技术知识，同时具备现代信息的加工、处理能力。

"互联网+"对整个社会有着很大的影响，对人民的生产、生活、学习等产生了较大的改变。在教育层面，也逐渐改变了高校英语教师的角色，传统教学中教师是教学内容的唯一提供者，但是在互联网教育背景下，学生除了从教师那里获取知识外，还可以通过很多渠道获取知识，即成为引导者、辅导者、指导者，他们的角色更加多元化。因此，"互联网+英语教学"还要求教师不断提升自己的专业化水平，促进自身的专业化发展，从而适应"互联网+"时代对高校英语教师的要求。

随着互联网技术融入高校英语课堂教学，学生的学习与高校英语教师的教学都发生了革命式的变革，新兴的课堂教学环境——互联网技术教学环境得以产生，互联网技术下的教师，应积极汲取传统教师角色中的优点，认真履行知识的传授者角色行为，同时还应看到传统教师角色不适应教育信息化的发展，如管理者、灌输者等角色的局限，实现自我角色的转变，处理好传统角色中的教师角色延续，并重视教育信息化下教师角色的转换，不断提升自身的信息素质。针对"互联网+"时代下高校英语教师的角色与素质问题，我们将在后文进行详细阐述。

（四）挑战学生对信息的辨别利用

大学阶段是人生的重要阶段，而大学生身心发展还未真正成熟。在新一轮信息时代的到来下，互联网打破了英语教师对于英语知识的垄断，各种网络学习资源井喷式地出现，学生应警惕"人云亦云"的现象。同时，丰富的网络学习资源和便利、快捷的多种英语学习方式也考验着大学生的思辨能力和学习能力。思辨能力是个体根据某一特定的标准，对事物或现象进行判断后再做决定或结论的心智活动，包括质疑推理、自主思维、分析评价等能力。

学生要提高思辨能力，不仅要在日常生活中反复训练自我思维能力，还要扎实自我的基础知识，根据自己的学习需求获取正确的知识资源。教师需要引导学生提高甄别信息的能力，并教育学生正确利用网络信息，将自己的时间与精力真正应用到知识的积累与学习上，而不是浪费时间玩游戏、看网页，忽视对英语课程内容的巩固和复习。此外，学校的管理部门也需要对校园网络进行监管，制定严格的规章制度，对学生的上网情况进行监控，保证学生正确上网。

（五）挑战师生间的有效互动

在互联网信息技术出现之前，教师与学生交流与沟通的场所主要是教室、操场、学校活动中心。

在教室内上课过程中，教师与学生之间首先要完成本次课的教学任务，主要是教师在讲，学生在听，一节课下来，师生之间的交流与互动往往仅仅有几个点名提问，并没有师生探索、讨论互动。很多教师在完成教学工作后忙于其他事情，也没有时间与学生交流，师生交流缺乏主动。

课堂之外，教师在学校除了日常教学还有很多其他工作，学生的校园生活也十分丰富而且师生的教与学的任务不同，在不同的时间段，他们需要分别在不同的空间场所内开展教与学的工作，这就更加使得师生课堂关系难以在课外继续保持良好的联系。调查发现，很多学生在课外时间难以接触到教师，而且即便是有交流机会，也是"不怎么愉快"的"被动交流"。上述情况充分表明了学校师生存在着交流障碍，这些障碍有主观和客观原因，有教学安排的局限性，也受制于教育技术，导致教师与学生在课外缺乏沟通与交流的平台。

互联网技术的发展和教学应用，为师生之间更加频繁地交流提供了技术支持，教师与学生可以通过QQ、微信、校园网、教学App等实现随时随地的线上交流，但是在网络课程教学中，师生不是面对面的，学生在教学中对教学内容的投入状态、对教师的回应在很大程度上靠自觉，因此教师很难像在真实课堂教学中那样监督学生，也不能给每一位学生形成一种紧张、专注、融洽的课堂环境氛围，导致很多学生在线上课程的学习中处于沉默、"潜水"状态。

在互联网教学中，学生的"线上沉默"有一部分原因是课堂时空环境和氛围造成的，此外也与教学内容难易程度、教学内容呈现方式、教师的线上互动方式方法等有密切的关系。

二、"互联网+"时代高校英语教学存在的困境

对于"互联网+"时代下的高校英语教学而言，虽然其取得了一定的成绩，但也存在较多的问题，在很大程度上难以有效地促进英语教育的发展需求，难以为社会培养出更加优质的、更加优秀的英语人才。从总体来看，"互联网+"时代高校英语教学存在的问题较为集中，具体涵盖了以下诸多方面。

(一)高校英语教学观念存在偏差

对于大部分的学生、家长等群体而言,其对于英语教学都存在一定片面的认识,在观念上都存在一定的不足,难以有效地推进高校英语教学的发展,具体表现为:第一,对英语教学存有疑虑;第二,对英语教学没有正确的认识;第三,对英语教学不是整体形式的认知,这也在一定程度上制约了"互联网+"时代下高校英语教学的质量与发展。直到英语教学逐步发展,学生的英语核心素养的培育被广泛重视,英语教学活动逐步受到诸多的关注,才有了更快的发展与提升的空间,从而促使更多的人群进一步广泛地、深入地、全面地、系统地研究英语教学活动。然而,对于以学校为主体的英语教学体系而言,虽然部分教师的观念得到一定的转变,但是认识片面、观念不足的问题还是普遍存在的,这对于英语教学仍然具有一定的阻碍作用与制约作用。

(二)高校英语教师的教学能力存在差异性

对于"互联网+"时代的高校英语教学而言,教师水平参差不齐也是不利于英语教学的重要方面之一。目前,教师队伍的不足问题较为突出,大量的教师对于"互联网+"时代下高校英语教学不具备较为完善的认识,没有清楚的认知,难以对英语教学起到积极的促进作用与基础作用,难以有效地推进英语教学工作,这对于推进"互联网+"高校英语教学极为不利。与此同时,市面上各类辅导书籍的质量不一,包括各类英语辅导书籍质量不一、各类英语练习题质量不一。这都在一定程度上进一步制约了英语教学的质量与效率,不利于英语教学的逐步推进与全面发展,难以培育学生的英语核心素养。

(三)高校英语教学资源存在不足

在"互联网+"时代的高校英语教学中,现有英语教材在内容上不能够满足所有学生的学习需求,对于学习程度好的学生而言,英语教材内容过于简单,对于学习程度差的学生而言,英语教材内容又较为困难。与此同时,教师可利用的英语教学资源并不多,教学资源的质量也并不高,这都制约了高校英语教学的质量发展。此外,英语教材与教学内容的选择亦是整个教学过程中较为薄弱的环节,英语教学的教育特色尤为欠缺。现有教材编写的目的性与针对性不强,并不能满足高校英语核心素养对创新培养的要求,还有需要完善与普及的地方。因此,理论如何更好地联系实际问题，在教材建设中显得尤为重要。在"互联网+"时代的高校英语教学中，教材中要充分体现英语领域的紧密联系，各学科之间达到渗透互溶的境界。教材尤不能以理论知识为单一，更不能使理论与英语问题相背离。所有英语教材建设必须体现系统性，教材内容根植于实际。与此同时，教材要讲究规范性与科学性，这是英语教学质量的前提保证，也是促进英语教学的基础保障，还是培育学生英语核心素养的关键。

另外，目前课程设置中的英语基础知识、英语问题设置等方面还不够完善，还没有在这几方面做最合理的规划和思考，每个环节都存在不足之处，做不到英语基础知识与英语核心素养培育的有机结合，不能完全把学生的英语基础学习与核心素养融合到一起。

（四）高校英语教学实践活动存在欠缺

从本质上来说，英语实践活动本身有助于促进学生的英语核心素养的培育。在英语教学体系中，教师需要做到以下几点：进一步向学生传授英语基础知识；进一步向学生传授英语解题技巧；进一步引导学生在英语学习中体悟；进一步引导学生在英语学习中内化能力；进一步引导学生在英语活动中内化素养与核心素养。

然而，就目前来看，英语实践教学仍然存在问题，如存在较为被动的、不规范等问题。为此，高校需要积极做好以下工作，具体包括，进一步将英语的基础知识教学和英语的实践活动科学对接；进一步建立英语实践活动的长效机制；逐步探索有效的英语核心素养培育对策等。

（五）高校"互联网+英语教学"目前效率低下

1. 学校方面

第一，现代教育技术的应用管理不足。学校领导是学校教学工作展开的主要影响因素，他们关系着现代技术在英语教学中的应用和实施。近年来，我国现代教育技术发展快速，但是不可否认，很多学校领导还是将学生文化成绩的提升放在学校工作的重要位置上，有些学校领导为了实现学生的"高分数"，并未完全投身于互联网时代现代教育技术在高校英语教学中的应用，甚至放弃了基于现代教育技术的英语教学创新活动的开展。

第二，学校难以引进专业的信息化人才。传统的英语教学模式已经使得英语不再是曾经的"香饽饽"，这给英语教学的发展造成了不小的障碍。当前，在发展"互联网＋英语教学"的过程中，需要认真探讨出符合时代发展的教学模式，包括"互联网＋英语教学"的指导思想、"互联网＋英语教学"师资队伍、"互联网＋英语教学"教学方法等。但是，由于种种主观因素和客观因素，一些专业信息化人才不愿意走上学校的教学岗位，这也就直接制约着高校"互联网＋英语教学"的进程。

第三，教师的现代教育技术应用能力不足。虽然大部分教师充分肯定现代教育技术在提升英语教学效果方面的作用，但在教学实践过程中采用多媒体教学的教师只占据一部分，这可能在很大程度上是因为教师对现代教育技术的应用操作流程不熟悉或者迫于教学目标的压力等。如果教师不在英语教学中使用现在教育技术，便无法在教学新模式中汲取新的知识和技能，更无法开展高效的教学实践工作。

2.学生方面

学生对信息技术的掌握，在很大程度上影响学生英语知识学习和运用的效率。教学是针对整个学生群体而言的，"互联网＋英语教学"的高效实施，需要每一名学生的积极参与和配合。在教师减少传统教学手段而增加现代教学手段的使用频率时，学生应该以一种欢迎的态度面对这种情况，这更有利于教师开展"互联网＋英语教学"工作。然而现实中，很多学生习惯了传统的面授教学方式，而不适应当前的各种教育技术。此外，虽有大部分同学能认同信息技术在英语教学中的应用，但在实际的学习中，学生的注意力分散，未能全身心地投入学习，而是借助相关网络技术进行了无关学习的活动，这样大大影响了学习的效率。久而久之，学生的学习动机及自主学习能力方面都受到了很大的影响。

（六）高校英语教学中存在中华优秀传统文化缺失

为满足国家"开放"和"引进"战略对英语人才的需求，各层次英语教育过度倚重语言的工具性学习。长期以来，社会上已经形成了过分重视分数高低、忽略对学生德育培养的倾向，忽略人文教育。高校英语教学内容中人文教育内容较少，导致了英语教学中的人文教育失去了内容支撑，并且英语教学仅仅围绕西方文化的学习，相关内容长期处于被忽视状态。教师的意识薄弱，将培养学生的英语应用能力看作唯一目标。

另外，从人才培养的角度来看，我国师范类高校英语专业学生缺乏中华优秀传统文化的了解与学习，这直接造成了英语教师也缺乏修养。培养出色的国际化英语人才的前提是教师首先要具备足够的中华优秀传统文化素养。

第三节 "互联网+"时代高校英语教学的机遇与展望

一、"互联网+"时代高校英语教学迎来的机遇

（一）整体视角："互联网+"时代高等教育的机遇

在分析"互联网+"时代高校英语教学迎来的机遇之前，我们先要了解"互联网+"时代为我国高等教育带来怎样的机遇。

1. "互联网+"让高等教育从封闭走向开放

"互联网+"打破了权威对知识的垄断，让教育从封闭走向开放，使得优质的教育资源不再局限于少数的名校中，人们不分国界、不分年龄都可以通过网络接触到最优质的教育资源。在全球开放的时代下，正在加速形成一个基于全球性的知识库，通过互联网，人们可以随时随地从这个知识库中获取各国各地区优质的学习资源。

在我国，教育尤其是大学教育的质量具有较大的差距。进入大学之前，虽然城市之间与城乡之间不可避免地会出现师资力量的差距，但是总体上大家接受到的都是基本一样的标准化教育，相互之间的差距也并不是非常明显。大学教育却与之不同，同一个专业在不同的学校开设的课程是不一样的，培养方法也是不一样的，再加上学校开设课程时间的长短及教师对于课程方面研究的程度、课程解读的不同，都会达到不同的教学效果。在1959年的中共中央发出的《关于在高等学校中指定一批重点学校的决定》中，决定设置全国重点高等学校，保证一部分学校能够培养较高质量的科学技术干部和理论工作干部，提高我国高等学校的教育质量和科学水平。而后，在1960年中共中央发出的《关于增加全国重点高等学校的决定》中，决定在原有的基础上增加44所大学，一共64所院校。1978

年，国务院转发教育部《关于恢复和办好全国重点高等学校的报告》中增加了28所高校为重点大学，至此，我国基本上确定了重点高校的格局。我国高校的数目从1985年的1016所上升到了2015年的2845所，但是国家重点高校依旧只有112所。

根据国家建设重点院校的政策可知，为了支持学校的建设，国家的财政性教育经费很大一部分给了"985""211"工程的学校，剩余的经费才能分配到其他院校。2000—2012年，国家财政性教育支出、预算内教育支出虽然在稳步上升，但是与发达国家相比，还是具有较大的差距。此外，财政性教育支出占GDP比重这一项，我国一直都在20%左右，但是发达国家这一数字可以达到50%，最少的也在35%。这样一来，我国高校的资源就出现了"僧多粥少"的现象，随着高校数量的增加，那些普通院校等到国家支持的概率也就越小，能够提供的教育质量也随之降低，导致最优质的教育资源都集中在少数的"985"等重点高校中，而其他院校则很少能得到优质的教师和政策支持。但是通过互联网，学生能够通过网络接触到"985"等重点高校的教育资源，同时可以跨地域跨时间段重复地针对一个知识点反复进行学习，加深对知识的理解，不至于在短短的45分钟或是一个小时的课堂上强行接收所有的知识点，且不用担心知识点的遗漏，知识获取的效率大幅提高，也为终身学习的学习型社会建设奠定了坚实的基础。

2."互联网+"降低了学生接受大学教育的成本

佩尤公众与媒体研究中心于2013年3月份展示的一项研究发现：60%的美国成年人认为，大学对于国家的发展具有积极的作用；84%的大学毕业生认为，对他们而言，接受高等教育的费用支出是一项很好的教育投资。但是，该中心2011年的另一项调查发现：75%的受访成年人认为，对大多数美国人来说，上大学太贵了，费用几乎难以负担；57%的受访者认为，美国高等教育体系没能让学生及其家庭的花费物有所值。塔皮奥·瓦里斯（Tapio Vails）是坦佩雷大学的荣誉教授、联合国教科文组织的首席研究员，他认为不同的教学实施模式会强化不平等，提出经济因素将在很大程度上决定高等教育的命运，传统的面对面式的高等教育将成为少数人的特权，部分教育领域则需要实现全球的标准化，在许多情况下，这还将会降低教育水准。[①]

[①] ANDERSOV J, RAINIE L, 王景校, 等. 互联网对高等教育未来的影响[J]. 高等工程教育研究, 2013(3): 38-45.

"互联网+"出现后，高校学生能够通过较低的成本得到更优质的教育资源，从而促进更多的学生去主动学习，避免了很多家庭由于贫困而上不起大学的学生得不到优质的教育的问题。

互联网极大地放大了优质教育资源的作用和价值，从原来的一位优秀教师只能服务几十名学生扩大到能服务几千名甚至数万名学生，使得大学教师能够从繁重的教学任务中解脱出来。另外，互联网联通一切的特性让跨区域、跨行业、跨时间的合作研究成为可能，这也在很大程度上规避了低水平的重复，避免教师一年又一年重复的教学讲解。

3."互联网+"改变了大学教育的教学模式并加速了教育的自我进化能力

通过互联网，使得教师和学生的界限不再泾渭分明，改变了传统的"以教师为中心"的授课形式，使其转变成"以学生为中心"的授课形式。在校校通、班班通、人人通的"互联网+"时代，学生获取知识已变得非常快捷，教师必须调整自身定位，让自己和学生成为学习的伙伴和引导者。

中国传统教育以考试结果作为划分学生优劣的标准，这种划分方式致使许多偏科但具有特殊才能的学生的发展受到了阻碍，泯灭了许多学生的才能。而在互联网中的用户思维就是在价值链的各个环节都要"以用户为中心"去思考问题，根据用户的需求进行服务。在"互联网+"时代下，利用大数据分析学生的特点，准确分析学生的兴趣爱好、认知水平、接受能力等，然后在此基础上因材施教。例如，美国亚利桑那州立大学是美国最大的公立大学，该校采取了一个在线教育服务商克牛顿（Knewton）的"动态适配学习技术"来提高学生的数学水平，2000名学生通过使用该系统两个学期之后，该校的辍学率下降了56%、毕业率从64%上升到75%。因此，利用大数据进行学生特性的分析，然后为学生提供相应的教学，能够更有效地提升学生的学习效果。现在，为了满足学生的需要，互联网为学生提供多种学习模式，如体验式学习、协作式学习、混合学习等模式。而其中最具特点的是"4A"（all time、anywhere、anyway、anybody）学习模式，即学生可以在任何时间、任何地点、以任何方式、从任何人那里学习，这也在一定程度上体现了美国培养学生尤其是大学生自主学习的理念。

传统教育体系中包括教育对象和教育环境两大体系。教育对象指的是学生，而教育环境则包括了学习主体以外的周围的事物，包括教师、教学内容、教学条件等。在传统的教学系统中，我们的出发点和落脚点都在考试和升学，对于人的发展则关注得比较少，因此我国的学生总是在经过反反复复地打磨后成了一个个标准的"产品"，个体之间缺少差异性。但英国著名教育理论家怀特提出，学生是有血有肉的人，教育的目的是激发和引导他们的自我发展之路。也就是说，教育的核心是要充分调动人的主体意识，使其在学习、发展过程中变"被动"为"主动"，产生积极主动的心理状态，从而提高自身的认知水平和学习效率。而互联网时代则正好强调的就是主动性和创新性，通过提升学生的主动性来提升教育的能力。

首先，当"互联网+"进入现有的教育体系之后，打破了原有的教育体系的平衡，敲开了教育原本封闭的大门，为传统的教育体系提供了新的知识信息源泉，使得原有的学生子系统能够更为快捷和方便地与外部的大系统进行知识的交互、获取信息，推动自身知识的增长，从而推动教育的自我进化能力。其次，互联网的虚拟环境能够为学生创造一个拟真世界，学生能够利用互联网从三维的视角去认知、探索世界。陶行知曾经说过"劳力复劳心"才是创新人才的办学模式。陶行知认为，学习应该是实践与认知相结合的过程，而非沉浸在书本中，但是我国传统的教育却是一味地学习书本上的知识，甚至是学习过时的知识，很容易出现所谓的"纸上谈兵"的现象。而"互联网+"的时代，学生能够通过网络中的拟真世界进行一些相应的实践，并随时根据网络的信息更新知识，如管理专业的学生能够通过网上进行沙盘模拟获知与企业运营相关的知识等，由此加强学生的实践操作能力。

（二）具体视角："互联网+"时代高校英语教学的机遇

1. 发挥学生主体作用

高校英语教学与互联网技术的融合可以将学生的主体地位凸显出来，学生可以从自身的需要出发，选择自己的上课时间，采用恰当的方法调控自己的学习进度。

当学生在学习时感到非常容易时，他们也会提升自己的学习速度，这样便于掌握更多的知识，也可以自己进行测试与检验。在这一过程中，学生能够正视自己的不足，巩固自己的语言知识，便于他们形成良好的学习习惯。

同时，无论学生处于何处、何时，他们都可以运用各种教材与课件查询、访问或者下载，进行有针对性的学习。当然，如果学生在学习中遇到问题时，他们可以发送邮件与教师进行沟通，让教师为他们答疑解惑。因此，互联网技术可以使学生清楚地了解自己的学习情况，从而发挥自己学习的积极性，促进自己的学习。

英语教学本身是一门技能课，如果仅仅学习理论，这样的学习显然达不到成效，还需要通过锻炼，将理论付诸实践。在传统的高校英语教学中，很多学生因为害怕或者自信心不足，不愿意在公共场合开口讲英语，在课堂上也不愿意回答问题，显得非常焦虑，这样的情况是非常常见的。但是，在互联网教育背景下的高校英语教学中，师生间不用面对面交流，学生不用担心这一问题，他们会不断调节自己的焦虑，从而愿意回答与解决问题。

另外，互联网技术在高校英语教学中的运用为学生提供了一种交互式的学习环境，实现了文字与图片、动与静的结合，使学生的学习具有趣味性，也激发了他们的趣味性。

2. 提高教师工作效率

计算机作为一种工具，可以不断提升教师的效率，如设计教案、录入成绩、查询资料等，这些都是通过计算机来辅助完成的，对于教师来说非常有用。

在高校英语教学中，教师可以通过各种计算机软件对自己备课的内容进行讲解，并对学生的学习状态进行实时的观察，之后可以进行测评，检验学生的学习情况。

在作业批改上，一些客观性的题目可以通过计算机来操作，主观题在学生作答之后，教师也可以通过处理软件来进行批改。这样就大大提升了教师的工作效率，也可以将自己更多精力置于讲解与研究层面。

3. 拓展优质教育资源

如今，英语教学存在一些矛盾与问题，只有提升教学质量，拓展优质教学资源才能从根本上解决它们。借助于日益壮大的数字化和网络技术，越来越多的网络在线教育模式诞生了，如"慕课""微课程"等，学生几乎可以在任何时间、任何地点享受到不同的优质英语教学资源。学生可以方便地学习世界各大学校提供的在线英语课程，各个高校也为学生提供了五花八门的在线英语选修课程，通过线上线下教育的优势互补,提升了学生的学习效率,也为学生的自主性学习提供了更多选择。

互联网技术最大的优势在于共享性。传统的英语教学模式下,学生接触不到其他地方的教学资源,而互联网解决了这一难题。互联网技术可以将分散在不同地区的优质教学资源整合起来,通过网络分享给世界各地的学生们,真正实现全民共享。不论是国内重点大学,还是世界的一流大学,其优质英语课程都被上传到互联网中,利用相关技术,可以有效整合不同时间节点的学习资料。这种教学模式打破了传统教育的空间束缚,极大地便利了学生的学习,使各种优质英语教学资源广泛传播,满足了学生需求。

4. 提升英语教学国际化水平

在 21 世纪全球化浪潮的席卷下,各地区的联系越来越紧密,世界范围内人力、物力的跨国、跨地区流动已成为常态,并且这种趋势也逐渐给教育领域带来了新变化,教育国际化已成为教育发展的新常态。一个优秀的大学之所以被人们认可,关键就在于人才的培养,这是大学的核心职能。而网络教育模式的兴起为英语人才的培养开辟了新的思路和方法,为打造国际优秀教学水平提供了机会。

例如,2008 年有人提出了慕课的最初概念,到 2012 年时,已经在美国得到了快速的发展,因此这一年也被称为"慕课元年"。此后越来越多的世界名校,如斯坦福大学、哈佛大学、麻省理工学院等都加入了"慕课"风潮,建立了 edX、Coursera、Udacity 等课程支撑平台,目的是打造一个全球范围内的大规模优质开放在线课程。同一时间,欧洲的"慕课"风潮也发展迅速。出现了 Open up ED、Future learn 等多个课程平台。中国也在 2013 年出现了一股"慕课"的热潮,北京大学、清华大学、香港大学、香港科技大学等国内顶尖大学纷纷加入了国际课程联盟。一方面,大学可以利用"慕课"平台,将本校优质的英语教学资源分享给全世界,起到推广自身的作用,提高学校在世界范围内的知名度;另一方面,世界各地的学生通过这个平台都可以学习到国际顶尖大学的优质课程。

"慕课"等相关课程联盟和协作组织的建设和运作,促进了世界各地教育资源的流动、传播与共享,打破了传统教育的模式与教育方法,使教育领域出现了前所未有的变化。同时,教育模式的革新也使世界范围内的教育理念、人才培养模式和管理方式不断进行交流与融合。我国的高校可以吸收国际上的优秀教育理念和成功的实践经验，利用国外优质教育资源提升英语教学水平，为英语教学发展提供不一样的选择。

二、"互联网+"时代高校英语教学未来展望

随着"互联网+"时代的到来，英语教学正面临着新的机遇和挑战。这就要求英语教师要勇于突破，革新传统的教育思维，具有创新和发展意识，改变传统教育模式的教育理念，运用新的教育方式从事英语教学活动。英语教师也要团结起来，构建新型多元化的教学体系，促进英语教学的发展。在"互联网+"的新时代，要用知识来武装自己，把互联网上优秀的教学资源与我们的课堂教学结合起来，形成独具个人风格的教学模式；树立与时俱进的教育发展理念，注重培养学生的学习兴趣和学习能力，不断充实自己，提高教学水平；与同事合作，打造满足学生需求的学习环境；因材施教，培养学生的个性化发展，提高教学效率。

利用互联网技术，我们还可以设计出智慧教室。教师将学习资料上传到学习平台，学生可以利用移动终端，如平板电脑或手机等进行线上学习、下载学习资源等。

智慧教室可以帮助教师完成一些日常的教学工作，比如可以利用智慧教室对学生进行考勤点名；每位同学的学习情况都会被记录在智慧教室中，并定期向教师进行反馈；每位同学是否完成作业、完成时间、考试成绩等都会被记录保存。在上课过程中，教师和学生都持有一个平板电脑，通过教师的指导，学生可以进行学习与思考，师生间也可以进行交流与沟通。

在未来，传统的实体学校不再教授理论知识，学校将成为一个高科技设备的互动社会环境，创新的手段将融入教育过程和新的教育教学方法中。针对每个学生的学习需求和个性特征，学校将为每个学生量身制订独特的教学内容，呈现出个性化的趋势。在这个过程中，教师变成了教学的推动者，同时也更加重视学生的亲身参与和互动体验，这是未来学校教育最重要的内容。传统实体学校也将与网络进行深度结合，线上、线下教育相互融合发展。学生在网络上寻找符合自身需要的学习资源，进行自主学习，而学校则起到了监督学生学习、保证教学质量的作用。

如果把未来的学校比作是一座书城，那么教师就是书城的管理者。作为管理

者，不需要掌握每本书的知识，他只需要根据书的内容整理和总结一下，这本书应该放在哪里，是否可以使用，如果他想看，他可以信手拈来。教师的职责是为学生指明学习的方向，激发学生的学习兴趣，与学生进行沟通交流，帮助学生克服学习中的困难。未来，教师将转变为"学习的引导者"。

在未来，分数也不再是考核学生优秀与否的标准，因此传统的考试也将被取消，取而代之的是，创新能力将成为评价学生的标准。实体学校依然存在，但学生的定义会被延伸，教师、家长也都可以成为学生，一起在学校接受知识。同时，学校的主要目的不再是传授知识，而是引导和监督学生，帮助其利用在线教育模式进行学习。当学生养成了自主学习的能力后，他们就会离开学校。

学校不再设置固定的课程安排，而是根据学生的需求和个性特征，为每个学生制订独一无二的教学安排，从而更有针对性。学生利用智能学习软件，可以随心所欲地学习感兴趣的内容，这将成为未来学习的主流特点，它将加快企业与校园相结合的发展模式。逐步减少实体校园的数量和规模，快速推进虚拟校园的发展，重组和总结学校资源，使每个学生都能通过网络平台学到更多的知识。

第三章 "互联网+"时代高校英语教学创新

本章为"互联网+"时代高校英语教学创新,包括高校英语教学创新概述、"互联网+"时代高校英语教学新思维、"互联网+"时代高校英语教学新内容、"互联网+"时代高校英语教学新模式四方面内容。

第一节 "互联网+"时代高校英语教学创新概述

一、"互联网+"时代高校英语教学创新理论基础

(一)建构主义学习理论

从教育心理学这个角度来看,不同的人会对教育过程有不同的理解,正是这种不同的理解才形成了不同的学习流派,比如行为主义学习理论、认知学习理论及人本主义学习理论。建构主义学习理论也是这么形成的,但是我们需要注意的是,建构主义不是某一种特定的学习理论,而是对其他学习理论的结合与发展形成的统一的学习理论体系。

对建构主义进行深入的了解与学习,可以发现,建构主义的核心思想就是学习者在同化与顺应的基础上形成的认知结构,具体来说这个过程主要包含以下几个方面的内容。

第一,学生进行学习需要自己对学习的内容进行建构,要想让学生自己进行建构就需要学生在学习上拥有自主性,具体来说,就是学生在课堂上可以积极主动地参与到学习与活动之中,是处于主体地位的。学生可以充分发挥自己的主观能动性,选择适合自己与自己喜欢的学习方式,只有这样才能促进智慧的生成;第二,我们发现建构一个新的知识,就需要新的知识具有丰富性,并且与原有的

知识是要具有一定的差异，然后才可以进行顺应与同化，从而完成学习这个过程。除此之外，我们还发现学习还需要在一定的情境下进行，并且情境的好坏对学生的知识建构也会产生影响，因为有些知识在不同的情境下是有不同的作用的，所以知识不能直接拿来运用，只有针对具体的情境对知识进行创造，才可以让学生建立起适合自己的知识建构。

建构主义的理论为"互联网＋英语教学"的创新提供了坚实的理论基础。依据建构主义学习理论的内容，在互联网的背景下对学生进行个性化的教学，具体来说就是运用互联网这个移动的互动平台，学习那些共享的学习资料与信息。互联网还有可以追踪的特点，可以根据学生情况建设一个十分个性化的学习情境，从而促进学生的自主学习与建构出自己的知识结构。

（二）知识可视化理论

可视化原本是计算机的相关学科，后因为发展形成一个专门的研究领域。具体来说，就是将一些大量的数据运用图形、图表等可以观看的形式表现出来。随着这一理论的不断发展，还产生与出现了知识的可视化。

知识可视化，就是运用一些可以刺激人们感官的材料，通过一些有趣丰富的形式来表达知识中的相关内容，从而促进人们对知识的传播与对知识的创新。随着时代的进步与发展，我们已经进入互联网时代，互联网就是通过图片和音频的方式对知识的关键内容进行呈现，这样就十分的有利于将学生的注意力吸引到关键的知识上，促进学生形成多样化、形象化的思维，让创造性与发散性的思维得到发展，从而产生思维的"裂变效应"。

知识可视化理论让我们了解到，人们认识世界的过程就是一个从具体的经验学习再上升到抽象经验的过程，并且这个过程与规律是符合人们认识世界的规律的，而且还符合教育理论发展的规律，也是"互联网＋英语教学"创新的重要理论。

（三）人本主义理论

20世纪50年代，人本主义学习理论开始兴起，成为行为学派与精神学派之后的"第三势力"。人本主义的主要观点就是反对与打破原本的知识为中心的教育理念，提倡以学生为中心的教育理念，具体来说，在进行教学方面人本主义学习理论主要体现在以下三个方面。

1. 有意义的自由学习观

罗杰斯是人本主义学习理论的代表人物，他认为，进行教学的目标就是让要培养人形成独立的人格，使其具有创造的能力，并且根据时代的发展与变化，培养出一个全面发展的人。人本主义这个理论的教学目标充分地体现了人本主义教学理论的教学思想，将知识教育、认识能力、情感发展这三者充分结合起来，从而促进人的全面发展。要想在课堂上达到自由学习的目的，就需要教师做到充分信任学生，认为学生可以发挥出无尽的潜能，只有这样才可以让学生在课堂上进行自由的学习，逐渐形成自己特有的学习风格，找到最适合自己学习的方法。除此之外，学生还可以在自主学习的过程中将自己人格得到完善，帮助自己实现自身的价值与潜能。

2. 学生中心的教学观

以学生为中心的教学观，就是将学生作为教学的主体，学生是教学的主导者，教师只是学生学习的辅助者，教师在教学的过程中应该尊重学生，与学生建立起一个良好和谐的关系，促进学生的成长与进步。我们就可以发现，以学生为中心的教学观就是将学生对学习的情感作为目标，在教师对学生的引导下，让学生对学习产生积极的情感体验。

3. 知情统一的教学目标观

知情统一的教学目标观主要包含两个方面，就是情感与认知。这种教学观认为教学的主要目标就是培养全人，对教学内容的选择，教学的组织设计、教学效果的评价都应该以学生为中心，只有这样才能让学生成为一个热爱学习与会学习的人。因此，在高校开展"互联网＋英语教学"这种教学模式的时候，我们要时刻坚持人本主义，让学生在整个的教学过程中都处于主体的地位，从而让教学效果从本质上形成发展。

二、"互联网＋"时代高校英语教学创新意义

（一）变更教育理念

"互联网＋"时代高校英语教学的教育理念是由"以教为中心"转变为"以

学为中心"。在"互联网+"时代高校英语教学中，改变了以往传统课堂上的弊端，慕课、微课、翻转课堂等教学模式的运用做到了以学生为中心，学生占据学习的主导地位，这样的学习氛围会让学生觉得自由、快乐，并愿意学、乐意学。

（二）革新教学流程

延续了400多年的传统课堂教学，虽然历经无数次的改革与调整，但主要是围绕着教师如何讲授得更好为中心展开的。直到现在，基本的教学流程也没有变，就是课堂上教师力求深入浅出地将新知识传授给学生，课后学生通过完成作业加以巩固。其主要的优势是运送知识的效率非常高，主要的缺陷是同步性和灌输性。同步性忽视了学生在接受能力方面的差异性；灌输性忽视了对知识的探究，这些都不利于学生创新性能力的培养和个性化的发展。

在互联网教育背景下，高校英语教学的流程与传统高校英语教学明显是不同的。"互联网+时代"高校英语教学将知识的传授转移到课堂之前，将知识内化的过程置于课堂上。在课堂开始之前，学生通过观看视频来学习新的知识，这样他们就可以将传统教学中教师讲授的时间空出来，让学生有充足的时间完成作业，并实现师生之间、生生之间的互动。这样做主要有以下两个优点。

首先，学生通过观看视频，能够使自己的学习更加主动，能够逐渐对自己的学习负责，这种方式可以解决传统课堂优等生"吃不饱"、中等生"吃不好"、后进生"吃不了"等问题，从而真正地实现因材施教。

其次，保证了学习目标具有可操作性，这有助于学生对知识进行创造。学习的各个环节中，要将难度小但有更多选择权的环节放在课前来学习，如理解环节与记忆环节，学生可以根据自己的能力和节奏对学习进行掌控，而又将那些难度较大、需要教师和其他同学合作的环节放在课堂上完成，如分析环节、应用环节等，这样可以真正做到各得其所。

（三）转变师生角色

在"互联网+"时代高校英语教学中，最大的障碍是教师角色的转变。英语教学通过"传递信息"和"吸收内化"过程的转变，教师不再是知识的传授者，而是知识的引导者，对学生的学习进行指导与服务；学生也不再是知识被动的接受者，而是对知识进行主动研究的研究者。对"互联网+"进行观察我们可以发现，互联网具有多元化的特点，所以在丰富多彩的互联网环境中我们学生与教师之间的距离得到拉近。要想让教师与学生之间的关系变得良好，教师需要提高自己的教学思想，坚持让学生在课堂上处于主导的地位，根据学生学习的情况对教学课堂进行设计，使教学模式与教学活动更加地贴合学生的情况，从而激发学生学习的积极性。

第二节 "互联网+"时代高校英语教学新思维

在"互联网+"时代高校英语教学过程中，教师要扭转过去传统教学思维，以创新思维对学生进行指导。那么，为什么要在英语教学中开展创新思维的活动呢？本书认为，主要包括以下几方面。

一、注重问题意识的激发

人从出生就具有了求知欲和好奇心，表现在学习态度与兴趣上，就是人能够积极地去探索与解决问题，不断创新、不断超越。启发式学习，即教师引导学生发现问题，并让学生找到合适的方式解决问题，师生之间围绕问题展开自主学习与探究学习，使学习活动向思维活动转变，这样才能让学生具备多元思维。

教师要具备的教学新思维，就是要强调问题引领的作用，即教师要以问题作为起点，以问题解决作为主要的活动过程，从而将学生对问题的敏感性激发出来。同时，教师还应主要探讨那些与现实联系紧密的问题，对这一领域的学术前沿问题进行跟踪和了解，将学生潜在的能力挖掘出来，培养学生的研究精神与素质，形成面对困难的积极潜质与解决问题的能力，并塑造自己的人格与工作特质。

此外，教师还要为学生创设自由的学习氛围，师生之间围绕提出的问题，通过交流与对话形式解决问题，并进行分析与评价，帮助学生形成问题意识与问题解决能力，推动他们判断真假及形成独立思考的能力等。

二、注重学习方式的转变

学习方式是学生在展开学习任务时自主、探究的基本认知取向与行为特征，其主要包含发现学习、接受学习、合作学习等。在"互联网+"时代背景下，教师的新教学思维应注重学习方式的转变，其教学应该从学生的学习能力出发，符合学生的学习要求，这样才能培养出符合社会发展需要的应用型人才。具体来说，主要可以从以下四点考虑。

第一，倡导自主探究式学习，让学生自定节奏，具体来说就是学生在学习中要发挥自身的主观能动性，引导学生大胆接受挑战，挑战传统的识记性学习方式，让学生真正地学会学习，成为学习活动的主人，推动他们灵活地转换学习方式，在创造与研究中学习。

第二，推动学生进行团队合作式学习，合作式学习可以更好地激发学生的自主性。同学间彼此交流、共同探讨，在思碰撞中锻炼学生创新思维和团队合作能力，可以让学生整体得提高。

第三，实施应用情境式教学，即关注学生在特定情境中的认知体验，通过新兴技术为学生创设真实的场景，让学生主动参与其中，增强他们的认知能力。

第四，关注学生的在线学习与移动学习。随着网络技术的发展，学生的学习资源越来越丰富，这就给学生提供了学习的便利，学生可以打破时空的限制，获得教师或者其他同学甚至一些专家学者的帮助，从而在课外不断提升自身的语言能力。

三、注重深度学习

深度学习就是学生在学习了一些新的知识之后，还能在此基础之上对新的知识进行批判，然后学习到更加新的知识。同时，还能将新的知识构建到原有的知识结构上，让新旧知识之间建立起来联系，将原本已经有的知识迁移到新的知识结构中去，从而独立地对问题进行解决。采用深度学习策略的学生要更善于整合知识、迁移知识，这样才能取得好的成绩。

当前，教师应当具备注重深度学习的教学新思维，努力为学生创设深度学习情境下的课堂环境，让课堂不仅成为学生知识深度加工的重要场所，还要把原来教师单向传授的教学过程转变为师生互动的过程，创设真实的、批判性的课堂环境，还需要围绕问题的解决探究深度学习的情境机制，让学生逐渐实现知识的吸收与内化，从而有效培养他们的创新思维。

四、注重核心素养培养

注重培养学生的核心素养，是新时代下教师应具备的主要教学新思维。人应该必备的能力与品质就在于核心素养，其内容主要包含如下几个层面。

第一，未来个人发展与社会生活需要的能力与品格是无法预料的，个人在受教育阶段唯一能够选择的就是对自己的必备品格与关键能力进行发展。

第二，知识是以几何级数增长的，能力以几何级数进行分化，学校教育无法对知识和能力进行穷尽。

第三，社会生活纷繁复杂，价值取向也是多元化的，学校教育无法面对、解决社会上的所有问题。

第四，学校教育应该专注于对学生必备品格与关键能力的培养。

"核心素养"一词源自西方，英文是"key competencies"。"key"在英语中具有"关键的、必不可少的"等含义。"competencies"的意思是"能力"，但是从其范畴与内容来说，可以翻译为"素养"，因此"核心素养"也就是所谓的"关键素养"。

进入21世纪，欧盟国家为了应对经济全球化，在教育领域提出了"核心素养"这一概念，目的是培养学生的创新能力，对传统的阅读、计算等为核心的概念进行改变，从而提升学生的综合应用能力。

在语言教学中，核心素养主要包含如下几点内容。

第一，语言能力。语言能力是指基于社会情境，通过语言来进行理解与表达的能力。从英语技能教学来说，语言能力是学生应该具备的基本能力，也是学生核心素养的体现。从语言学科来说，听、说、读、写、译五项能力是最基本的语言能力，对这些能力的掌握能更好地学好语言。同时，新时代条件下学生需要面临各种数据、图表等，因此他们还需要掌握好"看"的技能，这样才能对第一手资料有清楚地把握。

第二，文化品格。文化品格不仅指的是了解一种情感态度、文化现象，还指的是了解语篇反映的社会文化现象，通过归纳来构建自己的文化立场与文化态度。语言教学的核心素养更加注重从多元文化层面来思考。通过比较，了解中西方文化的差异，这样学生才能更加自信与自强，从而对西方文化予以理解，并将中华文化更好地传播出去。

第三，思维品质。思维品质与一般的语言能力、思维能力并不同，指的是与英语技能学习相关的一些思维品质。在核心素养中，这一品质与学生更为贴近，学生思维品质的提升与优化也是"立德树人"的彰显与表现，与高校英语教学改革的目标相符合。

第四，学习能力。所谓学习能力，不仅指对学习方法与策略的掌握，还包含对语言学习的认知与态度。学生应该主动拓宽语言技能学习的渠道，积极运用所学策略，提升自身的语言学习效率。另外，学生也不应该拘泥于课本、课堂为核心的教学环境，而应该从课堂走向课外，扩充自己的知识面。

总之，学生的生存与发展需要多种素养，来面对21世纪提出的挑战。其中，创新能力、合作能力、信息素养等是优先的素养，这些应该排在最前列，因为这些素养，是学生应对挑战、将祖国发扬光大的关键，这就是所谓的核心素养。其他的一些素养，如身体素质对于个人来说是非常重要的，但是太基础所以可以将其视作基础素养。另外，传统的读、写、算也可以算作基础素养。

在全球化背景下，各国关于学生核心素养的范畴存在着某些共性。就全球范围来说，一些国际组织、国家在核心素养指标的选取上，都反映了该组织、该国家、该地区的经济发展情况，并强调信息素养、创新能力、社会贡献、国际视野等素养是非常关键的层面。但是受国情的影响，各国所面临的关键问题存在差异，因此核心素养的内容与程度会存在着某些不同。

五、注重学习体验

个体的发展具有特殊性。因此"互联网+"时代，高校英语教师需要更新教学思维，在尊重学生个体差异性的基础上，对学生的学习体验予以关注，努力为学生创造更多锻炼的机会，激发他们学习的内部驱动力，发挥他们对知识的探索精神。

当前，很多高校关于评价强调甄别与选拔，对评价的激励与促进功能予以忽视，往往对结果过分看重，对学习过程予以忽视，这样的评价就导致了个别优秀的学生得到了愉快的体验，但是那些成绩差的学生失去了学习的兴趣，很难培养出健康的情感体验。

在具体的教学过程中，高校英语教师应该努力让学生用感官去实践、去体验、去解决问题，与社会实践相联系，研究教学方法是否符合学生的需要，采用多种技巧和方法展开教学，增强学生的学习体验，让课堂脱离传统课堂的弊端，即被教材与大纲等约束，让学生广泛地参与到课堂中，实现师生之间、生生之间的互动，这样才能让他们学会思考、学会辨析、学会研究，进而发现课堂的魅力。另外，教师还需要注重选择科学的评价方式，让学生能够更好地体会到成长的快乐，享受学习的快乐，帮助学生正确地认识自己，激发他们学习的动力和积极性。

六、注重多元互动教学

教学是人与主体之间交流情感与思想的过程。教学的效果好坏并不取决于教与学，而是取决于教与学主体间的互动结果。

所谓多元互动教学，即在互联网环境下，高校英语教学中教师与学生之间、学生与学生之间、教师及学生与机器之间的相互作用，是一个以促进学生主体认知重组为基础的多层次的交互活动，目的是实现意义的建构。

教师应当树立多元互动教学思维，在这种思维的引导下，形成立体的网络，让学生置于真实的情景中，运用自身所学的知识与技能，通过对一系列的语言实践活动进行观察，并不断进行探索与试验，逐渐掌握语言知识与技能的意义。就这一层面来说，互动在语言教学中被认为是运用语言最本质的特征，是学生获取英语知识的一条必经之路。

在语言教学活动中，语言是知识体系与技能体系的融合，实践性较强。语言教学内容的传授也是教师和学生共同参与的过程，彼此之间通过合作完成任务。通过多元的互动，学生能够不断发现语言使用的规则及他们对语言使用的反馈情况，同时将新的语言形式与规则运用到自身的实践中。通过多种实践，学生可以对语言运用的规则加以感悟，与语言表现形式进行对比，体验语言的社会功能，完善自身的语言体系。互联网技术与高校英语教学的整合将原有的教学要素进行重新配置，从而产生一个具备英语教学过程的虚拟的、网络的教学环境，为多元互动教学开辟一个新的空间。

第三节 "互联网+"时代高校英语教学新内容

一、"互联网+"背景下高校英语基础知识教学创新发展

（一）高校英语词汇教学的创新发展

在高校英语教学内容中最基础的就是对英语词汇的教学，对英语的学习具有十分重要的意义，运用"互联网+英语教学"这个新颖的教学方法，一些传统的英语教学中出现的问题就会得到解决。下面，本书就高校英语词汇教学的创新发展进行具体分析。

1. 高校英语词汇教学简述

（1）词汇的内涵

词汇是构成语言整体的重要细胞，是语言系统中最基本的单元。"如果把语言结构比作语言的骨架，那么是词汇为语言提供了重要的器官和血肉"[1]。所以，词汇的具体含义到底是什么呢？综合学界观点，本书认为，词汇是包含词和词组在内的集合概念，能够执行一个给定的句法功能，是基本的言语单位。而英语词汇教学则是一项包含教学进程和活动策划在内，将词汇讲解作为教学内容，以学生充分认知和熟悉应用词汇为目标的教学活动。简单来讲，词汇教学涵盖的范围十分广泛，而且是教学中最基础、最重要环节，也是最困难的环节。

（2）高校英语词汇教学的重要性

如果脱离了词汇，语言就会空洞无物，没有足够的词汇，语言表达也就难以被他人理解。在日常的生活中，我们可以发现，英语词汇的数量有很多，并且随着社会的进步与发展，词汇的数量也在不断增多。因此，我们要想学好英语就需要增加对英语词汇的学习，扩展自己的词汇量。对生活中的细节进行观察，是学习词汇的一个很好的方法。

词汇在整个语言教学体系中发挥着重要作用。如果学生在学习英语时，所掌握的词汇量不足，那么将会制约其听、说、读、写等能力的提高。假如结构是语言体系的基本框架，那么词汇则是语言体系框架中的器官及血肉，如果没有词汇这一基础语言体系就无法传达所要表达的意思。可以说，没有词汇就没有语言的

---

[1] HARMER J. The practice of English language teaching[M]. London: Longman, 1990.

存在，人类的交际就无法顺利完成。因为词汇构成句子，进而产生人与人之间的交际，人们在交际过程中的每一句话都是由词汇构成的。由此，我们就可以发现，学好词汇，扩展自己的词汇量会更加有利于自己听懂别人的表达，也可以充分地表达出自己想要表达的想法。

通过对人类语言产生过程的分析，我们可以发现词汇在语言产生初期对交际有着很大的影响。随着交际形式和内容的逐渐复杂，语法的作用也越来越突出。根据儿童习得母语词汇的特点，能够发现婴儿学习的第一步就是理解和使用词语，当婴儿听到妈妈说"smile（微笑）"时，他们就会笑。刚学习说话的婴儿，能说的都是单音节词语。可见，英语语言应用能力的提升是以对词语的积累、理解和运用为基础的。因此，英语词汇教学对学习者掌握英语有着重要意义。

（3）高校英语词汇教学存在的问题

当前的英语词汇教学主要有下面几个问题。

第一，初次教授英语单词时容易忽视语音问题，特别是重音，学生没有掌握英语单词的发音，甚至会用汉语拼写标注，因为英语单词的语音与汉语拼写有一定的相关度，但是长此以往，将会给英语听辨和理解带来困难。

第二，教师过分依赖母语，一旦发现学生理解不了的单词，他们就会用汉语解释，使学生对教师的讲解产生依赖。

第三，脱离语境，单独学习单词，专项记忆词汇。教师没有提供一定的语言情境，也没有联系上下文的语境，长期下去，学生的词汇水平得不到显著提升，也无法将被动的词汇转换成积极词汇。

第四，学生过分依赖教师，无法利用词典、课外读物等辅助工具进行自主学习。

第五，缺乏与词汇学习对应的课外阅读材料和笔头作文训练，因此学生所学的词汇复现率极低，遗忘的速度也快，学习效果不佳。

2."互联网+"时代高校英语词汇教学的创新方法

在互联网环境下，教师的角色不但是知识的传授者，还是语言学习环境的缔造者，更是学生学习活动的设计者和指导者。在教学过程中，教师要明白自身所担任的角色，做好学生学习词汇的辅导者、指导者、监督者和评价者，发挥模范带头作用。基于互联网的英语词汇教学，可以采用多种方式。

（1）利用互联网资源，实现教学内容的拓展

首先，通过互联网字典，学生随时随地进行词汇的学习。

随着时代的发展与进步，大数据平台得到快速的发展与进步，手机等智能终端的普及，让人们获取知识变得更加的便捷，人们可以在生活中随时随地地选取一些知识类软件进行学习，就比如生活中的有道词典、金山词霸等，这些软件的开发可以让学生对词汇进行十分全面的学习与了解，从而让学生获取与积累十分丰富的英语词汇知识，有些英语学习软件具有屏幕取词、例句搜索、真人发音等功能，而且还可以给学生创造出良好的学习环境，同时学生还可以对词汇的词源与词根进行了解与学习，让学生对英语的学习从根本上得到提升。另外，除了国内一些英语学习软件以外，还有一些国外的英语学习软件。比如，美国就有一个韦氏在线词典，这个词典可以将词汇的学习变成一个十分有趣的英语小故事，让学生有兴趣学习。面对这么多的学习软件，教师可以根据学生的实际情况，指导学生选择适合自己学习的英语词典软件。

其次，互联网平台，可以丰富英语词汇的教学内容。

对英语教学进行观察我们就会发现，英语专业教材的更新程度是始终都跟不上时代步伐的，英语词汇总是依靠英语教材进行教学是远远不够的，是无法满足学生对知识的渴求与追求的。近几年以来，科学技术快速发展，人们的生活日渐丰富，生活中又出现了很多新的词汇，但是我们发现这些新的词汇在英语的词语表中不一定可以找到，因此学习紧跟时代是十分重要的。而互联网这个平台就很好地解决掉了这个问题，可以为学生提供丰富的词汇资源，为学生创造出良好的学习环境，让学生学到更多先进的具有时代性的英语词汇。

最后，在互联网上有很多的教学视频，我们可以通过这些视频对学生的词汇进行扩展。

教师在进行实际的英语词汇的教学过程中，可以借助互联网平台，寻找与搜集中外名师对英语词汇的教学，以及可以寻找一些优秀学生的学习方法或者PPT等，这样学生就可以对此进行观摩学习，掌握更多优秀的学习方法，促进学生对英语词汇知识全面的了解。这样不仅可以让学生的视野变得越来越开阔，还可以让学生从被动的学习变成主动的学习，从而使学生的学习能力得到提高，同时教师对英语词汇的教学不仅不用进行苦口婆心的讲解，而且还可以达到事半功倍的效果。

（2）利用互联网资源，实现词汇教学方法的多样化

英语专业的学生需要对英语的听、说、读、写、译具有全方位的掌握，只有这样才是全面的英语人才，才不会在未来的就业道路上拥有较多的坎坷。但是传统的英语学习中，我们可以发现，教师对英语词汇的讲解更多的是对词汇的听说读写方面进行讲解，具体来说就是学生对词汇进行了解与学后，直接进行背诵，但是这样的词汇学习方法十分的枯燥乏味，不利于学生对英语词汇的深入了解与学习。互联网就可以很好地解决这个问题，互联网的学习资源十分的丰富有趣，可以对学生的视觉、听觉等感官产生刺激，进而激发学生对英语学习的兴趣。

首先，运用互联网进行教学，教师可以先借助视频来开展教学。这样学生就可以对将要学习的词汇提前进行搜索与了解。比如，一些原生电影，这样学生就可以直观地对英语词汇有一个了解，不仅可以对词汇的用法与语境有一个深刻的了解，而且还可以激发学生对英语学习的兴趣。除此之外，教师还可以寻找与利用教材上没有的视频资源，帮助学生理解词汇中的深刻内涵。例如，在讲授"peer pressure"时，教师可以给学生放一段网上下载的3~5分钟的关于"How to deal with peer pressure"的短视频。有趣的声音和图像给学生带来不同的刺激和新鲜感，提升了学生的学习兴趣。学生不仅加深了对"peer pressure"的认识，还能够把"peer pressure"和自身的感性认识相结合，强化了对于"peer pressure"的理解。又如，教师在讲解与酒店服务相关词汇时，教师可以提前把任务布置下去，学生在课下对酒店服务的词汇与情形进行了解，同时教师还可以分小组让学生对酒店的服务进行模拟，这样不仅可以让学生加深对英语词汇的学习，而且还激发了学生对英语学习的兴趣。进而提高学生对英语词汇运用的能力。

总的来说，互联网资源可以建立真实的教学情景，可以帮助学生理解不同语境中词汇不同的含义，同时还可以让学生对词汇与语境进行连接，长期运用这种方法我们发现这样不仅可以让学生对词汇产生感性的认识，而且还可以对学生的感官产生刺激，从而让学生更加深刻地了解与学习英语单词的含义。

另外，教师还可以根据学生的英语水平情况向学生推荐有趣的英语电视剧，如《老友记》《生活大爆炸》《摩登家庭》等等。这些影视剧不仅幽默风趣，而且还可以有效地提高学生对英语学习的兴趣，在快乐之中学会了大量的英语词汇。

其次，借助互联网平台，教师可以进行线上线下教学相结合的方式。具体来

说，就是教师可以根据学生的学习情况与需要，有针对性地制作一些微课，学生可以根据微课在课堂之前进行学习，对课堂的内容有一个大致了解，另外教师也可以将微课运用在课堂之上，让学生对微课的内容进行深刻的讨论与研究，激发学生对英语学习的潜力。除此之外，教师还可以将学习的网站推送给学生，学生可以运用自己的设备对内容进行一个反复观看，进而对英语词汇有一个更加深刻的了解。教师还可以运用互联网平台，给学生在网上布置一些任务与作业，在这个平台上学生之间可以进行交流，学生与教师之间也可以进行交流，通过这样的交流教师可以更加了解学生学习的情况，从而更好地提升词汇的教学效果。

最后，我们还发现，在一些网络平台上有一些词汇游戏，教师可以利用这些词汇游戏，在学生之间开展游戏活动。举例来说，美国的韦氏在线字典就可以提供词汇游戏，教师与学生可以在课堂上运用智能手机，以小组的形式开展5分钟左右的游戏活动，这种有趣灵活的活动可以有效提升学生学习的兴趣与参与度，从而进一步提高学生学习英语的能力。

（3）利用互联网资源，实现学生的广泛阅读

互联网上的资源十分丰富，科学技术的发展，手机、电脑的普及给人们提供了方便的阅读平台，让人们可以随时随地地进行学习与阅读。研究发现，阅读需要一定的词汇量，大量的阅读可以扩展人们的词汇量。因此，学生要想提高自己的词汇量就要积极地进行阅读。目前，互联网的发展可以满足人们对阅读内容丰富多彩的要求，满足不同学生不同的需求。所以，教师在高校英语词汇教学过程中，要对互联网资源进行利用，一方面，要通过布置作业等方式，让学生利用碎片时间完成阅读任务；另一方面，也要向学生提供更多有益、有趣的阅读材料，引导、鼓励学生通过互联网随时随地积极主动地阅读，汲取更多词汇知识。

（二）高校英语语法教学的创新发展

在语言中，语法是其运用的规则，对人们运用语言起着非常重要的指导意义。学生学习与运用语法知识，有助于提升学生的英语技能。对于大多数学生而言，语法学习是英语学习的重点，是学生发展各项技能的前提与基础。因此，在高校英语教学中，语法教学至关重要。在"互联网+英语教学"中，高校英语语法教学能够提升教学的趣味性与实用性，也可以让学生更容易了解句子结构及其变化规律。下面，本书就高校英语语法教学的创新发展进行具体分析。

1. 高校英语语法教学简述
（1）英语语法的内涵

语法的内涵是什么，语言学学术界始终没有一个准确的定论，但是我们可以深刻地认识到，语法是语言中最主要的组成部分，它是与语言共命运、同兴衰的。简单来说，就是什么样的语法观是由什么样的语言观决定的。在生活中我们也可以经常发现，语法具有多变性、发展性及混乱性的特点，这些特点给英语教学带来了很多不好的影响。比如，有些教师只是重视句子的教学，而不重视语法的教学；有的教师就算是讲到了语法可能也只是简单地轻轻带过，而不进行深刻的讲解；抑或有的教师只是重视语法结构的教学，而对语法真正的功能进行忽略，让语法的教学效果不好。因此，将英语语法的内容与定义进行一定的梳理与归纳，学生对英语语法的困惑就会得以解决，从而促进教师对语法教学的效率，形成良好的教学效果。

①大卫·纽南（Davaid Nunan）在《第二语言教与学》[①]一书中对语法进行了一定的阐述，简单来说就是语法教会我们如何排列单词的顺序、排列单词顺序的规律与原则，就是我们所说的语法。

这个对语法定义的阐述，只是代表着某一阶段或者某一时期人们对语法的认识，这一时期的人们对语法的看法还是有点太过于生硬，对规则的定义也是太过于硬性与不灵活。

②斯特恩（Stern）的《语言教学的基本概念》[②]这本书中对语法进行了一个简单的阐述，大体的意思就是，如果有一个较为模糊的短语，我们就可以通过语法将其进行准确的描述。从这我们就可以看出这个定义比较注重语句的描述。

③《现代牛津高级英译汉词典》则认为语法就是研究关于单词与句子结构的学科。

通过上面的定义我们就可以全面地了解到语法的功能、意义与形式，我们还发现这些定义在强调词组规则的时候，还强调了句子在整个语言体系中的作用。从中我们不仅可以看到规定性语法的定义，还可以看到传统语法的定义。规定性的语法就是规定人们应该怎么去说，传统的语法的定义就是来对句子中的各种词

---

① （英）纽南. 第二语言教与学 [M]. 北京：外语教学与研究出版社；汤姆森学习出版社，2012.
② 斯恩特. 语言教学的基本概念 [M]. 北京：商务印书馆，2018.

汇及词性的运用规则进行定义。

总而言之，我们发现语法可以分成两大类，分别是理论语法与实践语法，又可以叫现代语法或者实用语法。现代语法具体来说就是会根据所要描述的事物对语言的描述有所侧重，这样人们就会更加关注到词汇语言的本质。传统语法就是一个实践性较强的语法，有利于将外语教学与学生的学习结合起来，一般情况下，在校的很多学生都是在学习与运用这个语法方式。

由此，我们可以更加深刻地认识到，英语的语法就是对英语这个语言进行研究之后，系统地总结与归纳出一系列的语言规则、英语语法的规则，对语法的学习就是要掌握使用语言规则这个学习语法的功能。

（2）高校英语语法教学的重要性

20世纪70年代，交际教学的兴起对口语给予了高度重视，但忽视了语法教学。在这种背景下，一些教师错误地以为交际教学反对语法教学。实际上，这种认识完全歪曲了交际语言教学。交际语言教学一直都没有否定语法教学的重要性，甚至认为语法是交际能力的重要组成部分。

语法是对语言规律的概括，是词汇组成句子依据的规则，如果没有语法，就无法正确理解句子意思，更不用说口头交际、阅读或是写作了。培养学生的阅读和写作能力固然重要，但书面形式的英语表达更无法脱离语法规则。假如不熟悉语法规则，那么也就看不懂英语文章。同样，如果写作中有大量语法错误，那么也会影响语言表达和阅读的效果。因此，语法教学至关重要。

如今的英语教学虽然注重对学生语言交际能力的考查，强调句子的交际性，不死抠语法，但这并不意味着就要降低语法的地位。从近些年高考英语试卷就可以看出，每道题除了基于语法规则以外，考题的阅读难度逐渐加大，如果没有一定的语法基础，就连读懂题意都很困难，更不用说解题了。

（3）高校英语语法教学存在的问题

当前的英语语法教学主要存在如下几个问题。

第一，重讲解，轻训练。教师在课堂上总是用大把时间讲解语法规则，忽视了对学生语法能力的培养。这些教师往往认为，语法知识点的讲解直接关系着学生的考试成绩。然而事实并非如此，学生的英语考试成绩与其语法能力密切相关，但与教师大量的讲解并没有太大关系。教师的讲解与学生的能力并不等同，二者是两个截然不同的概念。英语语法教学不仅需要适当的讲解，还需要有效的技能训练。

第二，重机械操练，轻情境交际。语法是英语语言的重要组成部分。将语法教学置于课堂交际中，融言语交际于英语教学中是英语语法教学的核心。尽管教师在课上组织学生做了大量习题，但多是与语境相脱离的，缺乏目的语的输入，使得学生对语法规则十分清楚，考试得高分，但学生实际的运用能力却十分薄弱，特别表现在作文中。

第三，重规则总结，轻错误分析。教师对语法知识的总结是非常必要的，但学生英语语法学习的心理过程和阐述错误的原因要比语法规则复杂得多。因此，对学生语法错误的分析对减少学生的语法错误和提高其学习效率有着至关重要的作用。

第四，重规则记忆，轻意识培养。英语语法能力的培养是一个递进的过程，从语法知识的认知、语法规则的提炼和运用，到语法意识的养成是学生英语语法能力不断提高的过程。学生语法能力发展的最高境界是语法意识。因此，对语法意识的淡化必然会迷失英语语法教学的方向。

2."互联网+"时代高校英语语法教学的创新方法

（1）利用网络学习平台，修正语法错误

学习英语的语法就是对语言知识的了解与输入，通过语法进行口语、阅读与写作就是对语言的输出，那么学生怎样才算是将英语语法学好了呢，简单来说就是英语语法的输出与输入是对等的关系。但是对高校学生英语语法学习的实际情况进行调查，我们就可以发现，学生的输入与输出还是存在不对等的状态。比如，学生不会将长难句进行分解，还会出现对句子中的一些词语的内涵理解错误的问题，在用英语进行写作的过程中也总是会出现句子成分缺失、词语时态不对等的问题。"互联网+"的出现与发展，使人们的生活发生了巨大的变化，出现了很多使用方便的英语学习软件，这些网站为学生创造出一个十分开放的英语学习环境与平台。教师可以充分地利用这些平台，让学生学习正确的语法，改正语法上的错误，形成良好的英语语言习惯，从而将英语语言学习输入与输出之间不对等这一问题解决。对这些软件进行运用的时候我们还可以发现，这些英语学习平台上还有很多阅读资料，以及一些复杂语法的简单介绍，还将这些语法与生活中的最新鲜的话题进行结合，让学生能够更加有兴趣地对英语语法进行学习，以及对英语语法进行更加深刻的钻研。另外,教师还可以对学生提出要求,让学生每天都要在学习软件上进行学习与打卡,通过长时间的学习我们就可以发现,自己的语法问题得到了一定的改善,自己英语语言输入与输出之间的关系是对等的。

(3)利用互联网资源,增强语法学习兴趣

前面对英语词汇教学的研究,我们就发现,互联网的发展可以为英语教学提供创新资源与方法,这些创新的方法也可以运用到英语语法的教学之中。

传统教学方式就是,教师通过讲解的方式对英语的语法进行教学。但是我们可以从中发现,这样教学方式只是简单地对句子中语法进行了讲解,对实际的语言情境中的语法知识则没有进行详细的讲解,忽视了英语语法在实际交际中的作用。对于这种教学方式,学生对语法的学习只是简单地停留在表面,只会在纸上对句子进行分析,但是在实际交际过程中很多学生就不会使用语法了,并且不会把语法作为指导与他人进行口语交流,以及进行英语阅读与写作,所以也就更不用说学生积极主动去学习英语语法。除此之外,我们对学生英语学习的现状进行分析可以发现,高校的很多学生只是对词汇等内容十分重视,对语法学习的重视程度就很低。对于教师在课上讲解的语法很多学生都是十分不感兴趣,主要就是因为语法知识还是太过于抽象与无聊,学生难以理解,所以很多学生很容易对其失去兴趣。然而互联网可以将语法变得形象有趣,教师可以在课堂上运用互联网,激发学生对英语语法学习的兴趣。

研究发现,视频资料对学生来说具有十分天然的吸引力。只要教师在课堂上播放视频,学生就总是会被吸引过去,对视频进行观看。因此,教师就可以在教学过程中运用一些视频资料来激发学生对英语语法学习的兴趣。我们需要注意的是,对影视资料的挑选我们应该根据学生的实际情况进行。但是如何判断学生的实际情况呢?具体来说就是教师要多与学生进行交流,这样才能更加准确地了解学生对英语语法知识的看法与掌握程度。另外,教师还可以运用大数据技术将含有语法知识的视频筛选出来,并且将其编辑成一个完整的知识,然后在课堂上进行播放,播放的方式也要注意,教师可以将其播放两遍,先让学生边看字幕边听,然后再让学生进行闭眼倾听,或者将听到的词语与句子用笔记录下来,结束后可以根据字幕判断自己听写的是否正确,这时可以适当地进行语法教学。与此同时,我们还可以组织学生对刚刚观看的英语资料进行研究与讨论,给学生锻炼的机会,从而提高学生的口语交际能力。

（4）利用微视频，突破语法重难点

我们发现，在高中学习的阶段，很多学生对有难度的英语语法只是进行简单了解，到了大学对于那些比较复杂的英语语法知识，教师也是几乎很少对其进行讲解。因此，在大学时期，很多学生在面对一些长难句的时候就会出现不知所措的问题，从而难以提升自己的写作与阅读质量，导致学生的英语水平难以提高。随着科学技术和互联网的发展，出现了微视频，微视频可以有针对性地对学生进行服务，通过十分钟左右的视频对一个比较难的语法知识进行讲解，还不受时间与地点的限制。教师可以运用微视频来对学生的语法知识进行讲解，对一些难点与重点逐个击破。在实际的教学过程中，教师可以在上课之前，为学生推荐一些适合他们的良好的微视频软件，让学生自己进行观看，有针对性地解决自己心中的疑惑。在上课的时候，教师可以采用情境演练的方式，锻炼学生语法的交际能力，同时夯实学生的基础，调动学生学习的积极性，提高学生的英语语法水平。

（5）利用社交软件，加强与学生的交流

互联网技术的发展让人们的交流与沟通变得十分的便捷。如今，各类社交平台成为大学生网上交流的集中地，常用的社交软件包括微信、QQ、微博等。因此，教师有必要利用社交软件，加强与学生之间的沟通，拉近师生之间的距离。

虽然，社交网络的发展给我们带来了很多方便，但是社交网络上的沟通还是具有很强的地域性的，同时还会夹杂着一些不良的人群，对学生的思想进行侵蚀，所以教师在教学生运用英语社交网络的时候还要注意提升学生分辨是非的能力，以及让学生注意尊重其他民族的文化与语言习惯。

二、"互联网+"背景下高校英语基本技能教学创新发展

（一）高校英语听力教学的创新发展

1.高校英语听力教学简述

（1）高校英语听力教学的内容

高校英语听力教学的内容通常包括四个方面：听力知识、听力技能、听力理解和语感。

①听力知识。

听力知识的掌握是听力能力提升的根基,对英语听力教学和听力学习来说都十分重要。一般来说,听力知识由以下几个方面构成。

其一,语音知识。听力理解首先需要输入听觉信息,因此了解语音知识对听力理解起着根基性的作用。语音知识的教学也是听力教学的重中之重,直接影响学生后续听力水平的提高。

其二,听力策略。听力策略知识对于听力任务的完成十分重要。具备一定的听力策略,学生就可以根据实际情况进行听力方式的选择,从而增加听力活动进行的灵活度。

其三,文化知识。听力语言材料中通常包含广泛、丰富的文化信息。英语听力中包含着两种甚至多种文化,如果学生不了解一定的文化常识,是无法顺利进行听力实践的。

其四,语用知识。在听力材料中通常也会涉及一些有关言谈交际的话题和材料。此外,交际中的会话含义是普遍存在的现象,对这些材料的理解通常需要借助相应的语用知识来把握。

②听力技能。

听力技能属于较高层次的实际运用语言的能力,要想较好地改善学生的费时、低效的听力学习现状并提高听力教学效果,需要重视听力技能的培养。具体来说,听力技能主要包括以下几个方面。

其一,交际信息辨别能力。在进行听力活动时能够体现出其交际性。从总体上来说,听力材料都是由交际性语言组成的,因此学生掌握交际信息辨别能力十分必要。

其二,辨音能力。在听力理解的过程中,学生需要具备基本的辨音能力。例如,辨别音位、语调、重读音节等。

其三,预测能力。预测能力指的是根据一定的语境信息及已有知识来预测下文语言话题的发展与转向,这在听力实践中也十分重要。在听力教学中,对学生预测能力的锻炼有助于学生提升其听力效率。

其四,大意理解能力。这项听力技能的教学内容主要是要求学生能够及时抓住交际者的意图等。

其五，词义猜测能力。在听力实践过程中，听者不可避免地会遇到一些陌生的词汇，此时如果听者一直思考生词的词义，则有可能影响后续听力信息的接收。具备词义猜测能力是一名合格的听者的必要条件，常用的词义猜测方式有根据上下文判断、借助整体语境、搜寻已有信息等。

其六，推理判断能力。交际是交际者在一定的交际目的下进行的，因此言语不仅能够表达出一定的话语信息，还体现着说话者的交际信息。听者需要根据一定的推理判断，去揣摩说话者的意图，从而保证交际的顺利进行。

其七，选择注意力。这也是在听力教学中应该关注的教学内容。具体而言，选择注意力就是按照听力目标的不同，让学生将其注意力集中在不同的内容上。

其八，对细节的把控能力。语言材料中包含了很多细节，这些细节是听力理解的基础。听者只有具备对细节的把控能力才能以更加积极的心态去进行听力理解活动。

其九，评价能力。评价能力能够影响听力活动的进行，指的是听者对所听内容的评价与表达能力。

其十，记笔记的能力。众所周知，听力活动带有口语活动的特点，因此进行时间短、不可重复，在一些正式场合，听者具备快速记笔记的能力，能够完善对知识的掌握情况，同时也有助于整体信息的理解。

③听力理解。

听力理解不仅包括语言的字面含义，还涉及语言背后的深层含义。在实际的听力教学中，教师不仅需要教授给学生具体的听力知识、技能和策略，还需要提高学生的听力理解能力。

其一，辨认。在听力理解中，辨认是其前提，同时也是听力活动发展的基础。语音辨认、信息辨认与意图辨认是辨认的主要内容。其中，语音辨认是最简单的，只要学生掌握了一定的英语知识即可，最困难的是意图辨认，听者不仅需要以语音、信息辨认为前提，还需要积极发挥自己的交际能力和文化能力。进行辨认能力训练时，教师可以采用乱序训练法，将一个完整的听力材料打乱顺序，要求学生进行重新排列，并指出每一部分所对应的辨认方面。

其二，转换。听力理解中的转换指的是将所听材料中的内容转换为图表的能力。这种转换不仅需要听者辨别听力材料中的短句与句型，同时还需要听者运用已知信息进行适当转换,这是对听者能力的考验,也是听力理解的第二个层次。

其三,重组与再现。听力理解的第三个层次是重组与再现,这需要教师对学生的说写能力进行提高。

其四,社会含义。听力活动属于交际活动的范畴,在语言上有着礼貌、得体的特征。因此,在进行听力理解时需要听者仔细把握原文,对其社会含义进行准确理解。听力语言形式十分丰富,会涉及不同的话题,教师要训练学生根据不同语境进行描述的能力,同时在描述过程中还需要学生理解语言背后的深层内涵,从而促进听力活动的进行。

其五,评价与应用。对听力语言进行重组、评价、应用是听力理解的最后层次,也是难度最大的内容。听力理解带有目的性、交际性,需要听者明确交际意图,并进行语言回应与沟通。此外,为了提高学生的评价与应用能力,教师可以在教学中增加听力讨论与交际的练习。

其六,语感。所谓语感,指的是对语言的感悟能力,这种感悟带有直接性,但是可以通过不断的锻炼来提高。在听力活动中,即使缺乏一定的语境条件和必要信息,良好的语感也能够帮助听者进行语言行为的预测与判断,从而促进听力活动的进行。

(2)高校英语听力教学存在的问题

尽管高校英语听力教学深受重视,而且随着教学改革的深入有所发展,但是在教学中学生"听不懂,说不出"的问题依然存在。因此,有必要对高校英语听力教学中存在的问题进行分析,以便有针对性地解决这些问题,促进高校英语听力教学的发展。

①教师层面。

其一,课程设置处于弱势地位。在整个高校英语课程设置中,听力教学处于弱势地位,受关注的程度并不高。在多数院校中,高校英语课的周学时为4小节,但教师常常将教学中心放在精读课上,部分院校甚至将听力课与口语课相融合,变成听说课,从而稀释了听力课的学时,这使得听力教学课时难以得到保障,学生听力能力的培养也难以得到保障。

其二,教学目标有所偏离。高校英语教学中设置了大学英语四、六级考试,这本是为了激发学生的学习兴趣,培养学生的英语能力而设置的,但有些教师将通过考试作为教学的指向标，忽略了学生听力能力和跨文化交际能力的培养。基于这样的目标，在时间有限的课堂中，教师常会将听力教学沦落为题海战术，这样不仅使学生感到枯燥乏味，而且也很难真正提高学生的听力能力。

其三，教学模式僵化。受课程设置不合理、教学目标偏离、受重视程度不高等影响，现在的高校英语听力教学存在教学模式僵化的问题。很多教师将主要精力放在教学任务的完成上，忽视对教材的整体把握，缺乏对学生的有效指导，甚至目标不明确，只是机械地、一遍遍地播放录音，学生只能被动、盲目地听，这使得听力教学拘泥于"听听录音、对对答案，教师解释"的单一模式中。在这种教学模式下，不仅课堂氛围沉闷，而且学生的学习积极性不高，学生的听力能力更是难以得到锻炼。

②学生层面。

其一，基础知识积累不足。现在，尽管听力教学受到了学生的重视，但是很多学生的听力水平不高，这在很大程度上源于学生基础知识积累不足。一方面，学生缺乏必要的语音知识，对音节、连读等掌握不牢固，加之词汇量积累有限，欠缺语法知识等，这些都会对学生的听力理解造成影响。另一方面，学生缺乏良好的英语学习环境，对此学生很难对英语音调、韵律等具有敏感性。由于基础知识积累不足，学生的听力能力将很难得到提高。

其二，对听力缺乏兴趣。由于教学方式的单一性和听力本身的复杂性，很多学生对听力学习缺乏兴趣，甚至从心理上对听力产生抵触情绪。这种抵触会进一步降低学生参与听力活动的积极性，甚至是应付听力学习，使得听力学习收效甚微。

其三，学习形式单一。受传统教学模式的影响，学生在学习英语听力时，十分依赖教师的教学，依赖于学校规划和课程安排，进而导致自主学习听力的能力较低，在英语听力学习上得不到成就感，学习兴趣降低，最终整体学习效果不佳。此外，学生跟随教师的课堂讲解，不利于学生建立个性化的英语知识框架和体系，不利于学生自主学习能力的提升。

其四，缺乏英语文化知识。语言与文化密切相关，很多听力材料中都渗透着文化知识。

很多学生无法准确理解听力内容，部分原因就在于缺乏必要的文化背景知识。

对此，学生在听力学习中不仅要学习听力技能，还要学习文化知识，了解英语国家的历史文化、思维方式等，掌握中西方文化间的差异，这样才能为听力学习扫清障碍，提高听力水平。

其五，缺乏英语听力环境。我国学生是在汉语环境下学习英语听力的，而且主要通过教材和课堂来学习英语听力，学生在课本上学到的英语都是规范英语，教师在教学中为了便于学生理解，常会放慢语速，使得语流失去了正常的节奏。在英美国家，人们在实际交际过程中使用的语言具有很强的口语化特征，但在课堂教学中，这种口语化的语言很少出现，学生接触不到地道的英语表达，也就很难切实提高英语听力能力。

其六，不善于利用课余时间。课堂教学的时间是有限的，因此对课堂教学起着补充作用的课余时间的利用率直接影响着学生的听力水平。但是在实际学习中，学生并没有充分利用课余时间。很多学生没有制订自己的学习计划，只是依靠课堂教学，但课堂上教师是面向全体学生的，学习进度是针对学生的平均水平制订的，并不能满足学生的个性化需求。如果制订适合自己的学习计划，并充分利用课余的零散时间，将英语听力学习与日常生活相结合，对提高英语听力水平将起到事半功倍的作用。

2. "互联网+"时代高校英语听力教学的创新方法

（1）利用网络开展自主学习

"互联网+"时代的高校英语听力教学不仅有助于提升教师的教学效果，也有助于提升学生的听力水平，为学生提供广阔的空间。那么，如何将互联网技术合理地运用到高校英语听力教学中呢？当前，我国英语教学提倡自主学习，是以学生的主体地位作为前提，学生主动参与到学习中，而不是教师指导下的完全被动地学习。当然，"互联网+"时代的高校英语听力教学不能忽视教师的作用，一般来说，教师可以从以下几点着手。

①建构听力学习环境。

听的本质是一种交际活动，学生能否成功的关键在于自身。基于这两个层面，在听力教学中，教师需要充分将现代信息技术发挥出来，为学生创设良好的听力学习环境。具体而言，教师可以从以下几点入手进行教学。

第一，为学生创设真实的交际语境，这样有助于学生的听力理解，使学生在真实的语境中感受到听是非常实用的，从而增加学生学习的积极性。

第二，利用多媒体资源丰富高校英语听力教学，将学生的学习兴趣激发出来。例如，当教师需要教授和人物有关的听力课程时，可以利用多媒体为学生选取与此相似的内容进行听力练习。教师可以为学生提供更多的有关该人物的个人英文信息，让学生们进行听力练习，这样学生对其有更多的了解，能够很好地完成课程学习目标，还能对课程内容理解更深入。通过丰富的高校英语听力学习资源的创建，学生的听力范围被有效拓展，不再仅仅依靠课本教材资料，高校英语听力教学效果也会有更大的提升。再如，在学习有关动物的听力课程时，教师可以利用多媒体资源，为学生播放《动物世界》，让学生通过有趣的视频介绍，掌握tigers、lions、antelopes、elephants等动物的生活习性和特征，让学生掌握有关动物的英语知识内容。除了利用多媒体播放英语视频之外，教师还可以为学生播放英语歌曲，像"Make you feel my love""You are the sunshine of my life""Heal the world"等经典的英语歌曲，既能让学生在紧张的学习状态下放松，又能为学生提供良好的英语听力练习机会。总之，利用多媒体为学生创造多元的高校英语听力教学形式还有很多，需要高校英语教师紧密结合课程学习内容和学生的学习兴趣，为学生提供适合、高效的英语听力练习形式，激发学生的英语听力练习效果。

第三，选用的听力材料要真实，这样不仅能够增强学生对学习内容的认同，也能够让学生接触地道的语言，有助于学生在日后的交往中听得更为准确。

第四，设计与真实语篇有紧密关系的课堂活动，采用小组合作的形式，从而减少学生对教师的依赖程度，减少学生存在的焦虑感，让学生在合作中碰撞出火花。

第五，为学生提供互动的机会，让学生进行沟通，使学生在参与的过程中对学习方法进行掌握，找到学生学习的兴趣，增强学生学习的动力。

第六，教授学生一些对所听内容进行评论、提问的反馈语，使对话继续下去。

②培养听力自主决策能力。

在互联网教育背景下，学生听力自主决策能力需要注意以下两个层面。

第一，让学生学习并掌握获取信息的硬件知识。只有对这些硬件知识进行把握，尤其是掌握具体的操作技巧，学生才能通过互联网与其他学生或者教师进行交流。

第二，要培养学生收集、整理、利用信息的能力。学生要从教师布置的学习任务出发，借助互联网技术进行搜索与采集，并进行整理与分析，从而让学生真正地学会利用这些信息。另外，要通过互联网技术，让学生对自主学习的效果展开评价。

总体而言，借助互联网技术提供的网络化虚拟课堂，学生的角色发生了转变，他们从知识的被动接受者转为听力理解过程中意义的自主建构者。他们以自己的整个身心去感受听力语篇中呈现的各类信息，同时借助网络多媒体将自己的观点与思想生动地传达出来，主动参与学习交互活动，培养自主学习的能力。

（2）通过网络多媒体导入文化知识

现代信息技术的发展促使网络开始普及，而且在各个领域发挥巨大作用。在信息化时代，教师可以通过多媒体设备向学生展示文化知识，引导学生进行广泛的听力活动。

（3）网络电影辅助听力教学

英语电影能够营造真实、生动的听力环境，而且能够帮助学生更好地了解西方文化，从中体会中西方文化差异，进而提高跨文化交际能力。因此，将英语电影运用于高校英语听力教学，可有效激发学生的学习兴趣，提高教学的效率和学生的听力水平。具体可采用以下步骤开展教学。

①观赏影片前。

在观赏影片之前，教师和学生需要做一些准备工作。这些准备工作是指在选定影片之后，教师要为学生布置好与电影主题相关的作业，鼓励学生在课下通过网络搜集一些与电影背景相关的信息，通过此方式加深学生对影片的了解。在临近观看前，教师要对影片的相关内容进行介绍，并提出相关的拓展学生思维的问题，如影片中有哪些俚语及主角爱好等，这样能够引导学生带着问题和好奇心去观看影片。在准备工作完成之后，学生在了解影片的基础上，边观看影片边解决问题，以期达到更好的学习效果。

②观赏影片中。

在观看影片的过程中，教师可选择和运用影片中某个经典片段的放映来指导学生进行精听。精听要求学生听清每一个词、短语和句子，清楚每一个情节。通过精听，教师可以更好地引导学生学习影片中的语言。在精听的同时，教师还可以采取泛听的方法，让学生了解影片的故事梗概。此外，在播放影片的过程中，教师可以根据学生的英语水平和影片中的相关内容适时暂停影片，提醒学生影片中的一些关键对话，辅助讲解一些俗语、委婉语、禁忌语等，同时分析其中所涉及的中西方文化差异，帮助学生掌握语言精华，培养跨文化意识。

③观赏影片后。

在影片结束之后，教师可以有针对性地进行扩展活动，即选择影片中的经典情节，组织学生进行角色扮演，从而巩固学生的听力水平，锻炼学生的表达能力，提高学生发音的准确性，培养学生的语感，同时树立学生的信心，促使学生合作学习。另外，教师可以鼓励学生谈论影片的主题及意义，引导学生撰写影评，这样可以巩固学生通过影片所学的词汇、语法等知识，进而提高学生的听力水平。

总的来说，英语电影语言丰富、情节生动，深受学生的喜爱，将其运用于高校英语听力教学，将能够为学生营造一个真实的语言环境，锻炼学生的听力能力。但需要注意的是，采用电影辅助法开展高校英语听力教学，在选材上要多加留意，要选择那些语音纯正、用词规范、内容健康的经典影片，这样才能让学生学到地道的英语表达，达到提高学生听力水平的目的。

（二）高校英语口语教学的创新发展

1. 高校英语口语教学简述

（1）口语的概述

对于学习英语口语的学生而言，他们想要使用英语进行口语表达，首先就需要掌握一些英语的基础知识，如英语的节奏感、语音、语调等。口语能力的提升并不是一件容易的事情，个体想要掌握一门语言，不仅要学会发音，而且还需要把握这门语言的其他方面的知识内容，如这门语言背后的社会习俗、文化背景、交际方式、社会礼仪等。可见，语言交际看似简单，其实十分复杂，是上述所有内容的一种综合体现。

人们对口语能力这一概念的理解往往不同，不同的理解通常会带来不同的教学效果。英语作为一门语言，是随着社会的发展而发展的，其学习理念同样也会逐渐变化。在以前，人们认为英语教学的理念就是发展学生的语言能力，让学生掌握基本的语音、词汇、语法、句法，学生只要对这些知识有了充分的掌握，就会自觉学会运用，流利地使用这门语言进行沟通与交流。然而，现实情况往往与人们想象的局面大相径庭，而这种理念引导下的教学结果的弊端也越来越大。

20世纪七八十年代，西方国家涌现出大量的移民，在美国、新西兰、加拿大等国家都是如此，在这一现状的影响下，语言学领域的研究者及作为一线工作者的教师对语言学习的传统模式有了很大的意见，他们的理念开始发生转变，同时认为学生只掌握英语的语音、词汇、语法等知识并不能真正地学会英语，更不意味着可以流利地开口讲英语，甚至不能利用自己所学的这门语言在社会上谋生。

随后，英语语言能力被人们看作交际能力的一个组成部分。交际能力是语言学习者与他人利用语言这门工具所进行的信息互动，进而生成一种有意义的能力，这种能力区别于做语法、词汇知识选择题的能力。然而，学生如果想要获取更加高级的交际能力，就必须对所使用语言的社会环境、文化环境有一定的了解。社会语言能力往往指的是使用语言的人在不同的场合与环境中运用语言的能力，这一能力涉及以下几个层面。

第一，语域，即正式语言或非正式语言的使用。

第二，用词是否恰当。

第三，语体变换与礼貌策略等。

（2）高校英语口语教学存在的问题

口语作为一项重要的英语技能，具有显著的实践性特征。对于现代的大学生来说，口语是他们交际能力培养的重要途径。但是目前来看，我国高校英语口语教学的现状并不佳，口语障碍和口语教学中的问题普遍存在。对这些问题进行分析，能有针对性地解决这些问题，进而改善高校英语口语教学的现状，消除学生的口语障碍，提高学生的口语表达能力。具体而言，高校英语口语教学中的问题体现在以下几个方面。

①教师层面。

其一，教学模式缺乏创新。相较于其他英语技能教学，口语教学的实践性更强，需要通过交流和沟通来实现教学目的。这就需要教师根据教学目的创新教学模式，培养学生的口语实践能力。但是就目前的高校英语口语教学来看，教师依然采用传统的教学模式，即先讲解、后练习、再运用。这种教学模式虽然符合教学规律，却制约了学生的学习积极性。在这种教学模式下，学生只能被动地接受知识，机械地进行练习，根本没有独立思考和自主学习的空间。现在的学生都习惯接受新鲜事物，根本无法适应单调且缺乏创新的教学模式，这种枯燥的教学模式不仅会影响学生构建语言的创造力，也会将学生的学习热情消磨殆尽。

其二，课堂缺乏互动。在高校英语口语教学中，师生和生生之间的交流和互动是教学的重要内容，也是口语教学的核心，对培养学生口语表达能力、实现教学计划起着关键作用。但是在现在的高校英语口语教学中，教师依然在课堂教学中处于中心地位，教师占据着绝对的主导权，课堂教学缺乏互动与合作，学生没有开口的机会，更没有开口说的积极性，自主能力得不到培养，最终口语教学陷入僵局。

其三，忽视口语实践训练。尽管当前英语口语教学受到了教师的重视，教师也在尝试探索相应的口语训练措施来提升学生的口语能力。但是教师对学生的口语训练仅局限于课堂教学，而忽视了学生课后口语强化训练，也很少向学生推荐相关的口语训练平台，最终导致学生的口语训练效果不佳。

②学生层面。

其一，思路不明确。思路不明确是学生口语学习过程中经常遇到的一个问题。在英语口语练习过程中，学生会存储一定量的信息，并组织信息进行表达。但在实际表达过程中，学生的思维常会受到限制，尤其是遇到一些生词的时候，就无法判断要说的词汇和内容，在短时间内不能有效找到合适的句式来表达自己的思想。所以，思路不明确也会影响学生的口语技能。

其二，存在心理障碍。具有心理障碍，是当前学生在高校英语口语教学中存在的重要问题。这种心理障碍具体表现为自信心不足，存在焦虑情绪，这种焦虑现象的存在必然会对学生的口语学习造成影响。

其三，口语练习手段单一。现在学生练习口语的手段依然十分单一，学生通常是在课堂上按部就班地学习英语口语，或者是找外教练习口语，这对学生口语水平的提高并不利。实际上，随着社会的发展和知识的更新，大量的口语App出现并广泛运用，各大高校也建立了自己的英语自主学习平台，这为学生的口语锻炼创造了条件。学生可以充分利用这些资源来练习口语能力，而不必拘泥于传统的学习方式。

2."互联网+"时代高校英语口语教学的创新方法

传统的口语教学已经很难满足当前时代发展的需求，因此基于互联网技术的口语教学应运而生，并在当前的高校英语教学中起着重要作用。那么，互联网环境下高校英语口语教学该如何展开呢？具体来说，教师可以借助互联网优势，引导学生应用先进的移动互联网技术。比如，一些学生可以运用一些英语口语软件，在这些软件上学生可以自由地创设一个英语学习的语言环境，具体来说，学生可以在这个情境中与智能机器人用英语进行交流，还可以在软件上根据自己的喜好选择搭档进行英语口语的交流。这种可以选择搭档的模式让学生可以在有英语语言氛围的环境下进行学习，这样可以充分地激发学生学习英语的积极性，以及学习英语的兴趣。

除此之外，教师还可以建立起一个全方位协调发展的英语口语教学模式，这样就可以让英语的线上教学与线下教学相融合，从而进行优势互补，让英语教学形成一个完整的闭环模式，让学生全方位地对英语进行学习，促进教师英语口语教学水平的提高，进而提高学生的英语口语水平。

（1）进行语境教学

要想培养学生的英语语言应用能力，就需要运用语境教学的模式。要想运用语境教学的模式就需要运用语境教学的理论。研究发现，运用情境教学方法培养学生的英语应用能力，不仅可以帮助学生理解语言与词语运用的场合，而且还可以让学生全方位地了解英语国家的语言文化。从本质上看，英语口语是英语能力当中一个最基本的技能，还是一个实践性很强的语言技能，所以单纯地依靠教师在课堂上的讲解，或者只是简单地进行朗读锻炼是远远不够的，是无法使学生的英语口语能力得到锻炼与提高的。但是互联网的发展，让英语口语的锻炼变得更加的方便与快捷，如果在教学过程中能够较好地利用移动互联网展开英语口语教学，使学生在移动互联网上进行自主、持续的英语口语训练，将会大大提升英语口语的教学效果。所以在高校英语口语教学中，教师应适时把移动互联网和语境教学有效地结合起来，创设高校英语口语智慧教学环境。

首先，教师可以在高校英语口语教学过程中，对学生进行网络会话任务的安排。具体来说，教师可以将学生分成小组的形式，对互联网情境中的内容进行交流与对话，教师对小组间对话的效果进行评价，让优秀的小组在同学之间进行展示。

其次，教师还可通过移动互联网在线方式，及时对口语会话和学习过程中所出现的问题进行答疑与指导，对每一组甚至每一位学生进行点评，加强与学生的互动交流。

最后，教师可以在最后的一堂课将所有口语交际中出现的问题进行讲解，对照该作业的目的和评价标准去总结优缺点，教师也可以将作业中一些典型案例作为范例在同学中间进行讲解，对优秀的作业进行表扬，这样就可以提高学生再次进行英语口语训练的积极性。激发学生学习的兴趣与热情。另外，运用互联网的方式，还可以解决传统教学方式的弊端，然后让每一位同学都有机会进行学习，同时可以对他们的发音问题进行纠正，从而促进学生口语能力与交际能力的提升。

（2）利用互联网即时更新教学素材

随着时代的进步与发展，我们发现互联网中有很多丰富的学习资源，这些资源在当今时代已经成为高校英语口语教学必不可少的部分。教师可以将生活中的案例运用到学生的教学之中，这些素材极具实用性，学生学习后可以立即应用到日常生活中，甚至可以组织学生根据素材自编情景对话和短句，对会话当中错误的部分进行纠正，从而提高学生的英语口语能力。

教师还可以在互联网上找到一些与时事紧密相关的音视频素材，如一些英语新闻等。这些教学资料具有极强的时效性，可以帮助学生了解最新的英语表达方式和一些俚语、习语的应用方法。

（三）高校英语阅读教学的创新发展

1. 高校英语阅读教学简述

（1）阅读的含义

在人类社会，阅读是一个十分重要的人类活动，当文字产生的时候阅读就已经出现，所以我们也可以说正是文字的出现，才让人们交流的语言信息转变成了可以观看的视觉信息。与此同时，文字还可以得到长时间的保留，让语言打破了时间的限制，让人类历史所得出来的经验可以流传下去。在当今时代，不仅学生的学习离不开阅读活动，社会生活的各个方面也都离不开阅读活动。阅读活动的性质可从以下几方面理解。

第一，阅读是将书面材料作为交际的中间媒介，这种交际方式由作者、文本、读者构成这个过程的三个基本要素。在这个过程中，读者不仅要透过文本去发现、理解作者要表现的世界，而且要通过与作者在情感、理智上的对话与交流，实现意义的生成及主体自我的创造与重构。

第二，阅读是读者从书面语言符号中获取意义的认知过程。通过阅读，读者可以把外部的语言信息转化为内部的语言信息，将文本所蕴含的思想转变为自己的思想，从而不断地丰富和完善自己的认知结构。

第三，阅读是人类社会的一种言语实践行为。它是主体感受、理解文本、建构与创造意义的过程。

第四，阅读是一种复杂的心智活动过程。在阅读活动中，读者先要运用视觉感知文字符号，然后通过分析、综合、概括、判断、推理等思维活动对感知的材料进行加工，把经过理解、鉴别、重构的内容融入原有的认知结构之中，而且这种思维活动要贯穿阅读过程的始终，必须凭借全部的心智活动及特定的智力技能才能完成。

（2）高校英语阅读教学存在的问题

英语阅读教学的地位在整个英语教学体系中举足轻重，是我国英语教学的重点和难点，当前仍存在着一些问题。

①教师层面。

其一，课堂上教学模式落后。在一些英语阅读课堂上，传统英语教学的影子还没有完全消失。虽然教育学界一些专家都在倡导先进的英语教育理念，但是真正让这些理念落地，还是困难重重。我们还是会在高校英语阅读教学课堂上看到这样的情景：教师在上面讲得津津乐道，学生在下面认真聆听，并且还做着笔记。教师是在逐句讲解阅读文章中的新词汇、句型、语法等，然后分析文章中的问题，这样的英语阅读课有点变味了，倒像是一堂语法课。关键问题是学生还习惯了这样的教学模式，久而久之养成了被动的学习习惯，自己缺乏思考缺乏实践。课堂缺乏互动，这样不仅减少了阅读兴趣，也无法真正提高学生的英语阅读能力。

其二，课外缺乏监督。大学的课时有限，因此很多阅读活动主要是在课外完成的。虽然教师布置了课外作业，但是由于学生长期形成的依赖教师的思想，如果教师不抽时间检查学生的课外作业，学生很可能就不会认真对待课外作业。课堂的阅读量是很小的，加上学生对待课外阅读不认真，这样就无法提高学生的阅读能力了。

②学生层面。

其一，英语阅读的动力不足。进入大学后，学生摆脱了家长和教师的严格监督，学习主要依靠自主性来推动。如果学习的自主性不强，学生就会浪费大把时间。另外，很多学生进入大学后一下子松懈了，错误地将考试当作唯一的学习目的，英语阅读的动力明显不足。如果阅读材料的篇幅过长，或者难度过大，学生就更加没有动力完成阅读了。

其二，词汇量和阅读量都小。篇章是由许多词汇构成的。显然，没有一定的词汇量，英语阅读是无法进行下去的。要想提高英语阅读能力，词汇量是基础，足够的阅读量是前提。在词汇量薄弱的情况下，扎实的阅读技巧是没有用武之地的、是无效的。进入大学以后，英语阅读所要求的词汇量相比于中学阶段有了大大的增长，并且同义词、近义词繁多，词义之间的区别和差异模糊、难以辨认，这给学生的学习增加了难度，对学生的目标要求也就不一样了。英语阅读综合能力的提高，需要学生在掌握充足的词汇量的前提下进行大量的阅读。当然，词汇量和阅读也是相辅相成的，词汇量是通过阅读加以积累的，而词汇量又进一步推动着阅读的进行。

其三，文化背景知识的缺乏。学生需要真正认识到英汉文化差异的具体方面和具体情况。原版的英语文章都是以西方文化为背景来进行写作的，中国读者在进行阅读的时候就需要转换思维。中国读者需要拥有充足的西方文化知识，这样才不会给阅读带来障碍。但是，如果不了解西方文化，英语阅读可能就无法连贯地进行。例如，"The eagle always flew on Friday."对于上述句子，如果仅看字面含义，学生可能会理解为"老鹰一般周五飞回来。"然而，如此理解显然是错误的。其实，"eagle（老鹰）"这一动物是美国国家的象征，美国的钱币上使用的就是老鹰的图案，所以上述句子的真正含义是"美国人总是在周五发工资。"由此可见，如果学生缺乏对文化背景知识的了解，那么在阅读的过程中就会碰到类似上述的句子，在理解过程中自然就会出现纰漏，从而造成误读误解，这也说明了熟知语言背后文化内涵信息的重要作用。

2. "互联网+"时代高校英语阅读教学的创新方法

"互联网+"时代高校英语阅读教学并不是让学生漫无目的地搜索和浏览，

如果没有教师的准备、指导与评价，学生很难通过互联网来提升自己的阅读兴趣和能力。因此，"互联网+"时代高校英语阅读教学离不开教师的参与。具体而言，教师可以从如下几点做起。

（1）利用视频表达方式，构建沉浸式课堂

英语作为一门语言，只有构建出良好的教学情境，才能够达成最好的学习效果。但是在传统英语阅读教学中，部分教师受刻板思维的影响，将英语阅读教学的范围限制在文字阅读上，文字表达具有局限性，对于学生的感染力不足，构建不出优秀的教学情境，导致学生不能够沉浸在教学情境中，教学效果得不到有效保障。但实际上，阅读是一个范围极为宽泛的行为方式，对文本的阅读属于阅读活动，对电影字幕的阅读也属于阅读活动的一种，也能够对学生的英语阅读能力起到良好的锻炼效果。很多网络阅读材料的表现丰富，以图文并茂或者动画配字幕的方式呈现出来，降低了阅读的难度。因此，教师应当摆脱传统思维的影响，进一步扩大阅读教学内容的范围，改进英语阅读教学方式，适当添加一些视频阅读内容。借助信息技术不仅能够在互联网上找到海量的优质英语视频资源，还能够借助多媒体设备将其放映出来。

例如，教师带领学生学习有关美食的阅读文本时，便可以使用多媒体教学手段激发学生的学习兴趣，并以此来引导学生展开对阅读内容的思考。首先，教师可以将有关世界各种特色美食小吃的视频或者是图片等播放给学生看，让学生沉浸在丰富多样的美食中，这时英语教师便可以向他们提出以下几个问题：

① Do you know the name of the food？

② Where do you think the food comes from？

③ Do you like the food？

在这一教学情境中，因为学生已经饱含着非常高的学习热情，所以他们一定会争先恐后地回答教师所提出的问题，趁此情形，教师引出对阅读文章的教学，这样一来，便可以轻松地实现阅读教学目标。而且，通过这样一种多媒体教学方式，不仅有利于学生积极地展开对教师所提问题的思考，而且也可以营造出生动活跃的英语教学课堂。

（2）借助网络资源拓展阅读训练，提高英语阅读能力

语言是打开一个文明的钥匙，英语也是语言的一种。英语作为一种语言交流

的工具，涉及社会的各个层面，这就使得英语阅读教学的范围十分广阔。因此，学生要想让自己的英语水平得到提高就需要对英语进行大量的阅读。并且，由于客观差异性的存在，学生群体之间有着不同的阅读兴趣偏向。如果学生阅读自身感兴趣的内容，就会更加专注，对于文章的研读也更加透彻，从而获得更好的英语阅读教学效果；反之，学生如果对阅读内容兴趣不大，对待阅读活动敷衍了事，教学质量则得不到有效保障。

在过去，经济欠发达且信息传递不便，学生在进行阅读的时候只能够依赖有限的学习资料，无法扩展知识面，文化积累不够，甚至还会由于缺乏阅读兴趣而放弃英语学习。特别是在现代信息社会，互联网多元化的环境促使学生更加注重于个性化表达，学生个体之间的差异显著增大，统一化的英语阅读教材显然无法满足学生多元化的学习需要。

高校英语阅读教学最为重要的目标是提升学生的英语阅读能力，而这一能力的提升过程实质上是从量变到质变的积累过程，想要培养学生良好的阅读能力与综合素养，单靠教材收录的阅读材料还远远不够。因此，教师一定要拓展阅读训练，融入更多的英语阅读素材，从课内学习延伸到课外阅读，让学生在阅读训练中掌握阅读的有效方法，从而提升学生的阅读能力。教师除了教材上的阅读文本之外，还可以结合单元主题从互联网中搜集相似难度、相关主题的阅读素材，将其作为课堂教学的有效补充，呈现在课堂上，开展以学生为主体的阅读训练。教师可以通过"沪江英语网"等搜集适合大学生知识水平的阅读素材，将其融入英语课中，让学生接触更加丰富的阅读素材，在多样性、科学性和趣味性的网络资源阅读中训练学生的英语阅读能力，发展学生的阅读技能。

例如，科技类文章一直是学生感兴趣但是阅读难度较大的内容，所以教师可以在课前利用网络资料展现有关学习内容视频并布置学习任务，课后再让学生自己上网查找有关的英语阅读材料，调动阅读兴趣，加强课后阅读积累。

但值得注意的是，互联网应用的门槛较低，互联网上的知识内容质量参差不齐，不仅有着种种语法词汇错误，更是有部分文章存在错误的价值取向。而学生受限于自身知识素养和社会阅历，分辨能力不强，有可能会误入歧途而不自知。因此，教师应当仔细甄选互联网资源，为学生提供质量更好、内容更加多元的英语阅读文本。

（3）运用大数据技术，合理安排阅读难度

在学生英语阅读能力的不同阶段，只有安排难度适宜的教学内容，才能够让学生英语阅读能力获得大幅度的提升。否则，不论阅读难度过高，还是阅读难度过低，对于学生英语阅读能力提高的效果都极为有限。在传统教育模式中，由于客观差异性的存在，每个学生的英语基础和英语学习能力都不同，所需要的英语阅读难度也不尽相同。

在过去传统高校英语阅读教学中，学生人数众多，仅仅依靠教师一个人难以对所有学生的实际情况进行详细的调研，导致教师在教学内容的规划中，只能根据自己的经验和推断来制定教学任务，在这种方式下所构建的课堂教学在实效性上较差，不能及时满足所有学生的需求，甚至教学内容更多依靠教师的个人经验来设计，难以确保对学生学习积极性的调动。随着互联网的发展，大数据技术得以应用到高校英语课堂中，教师通过数据分析技术对过去几堂课中学生的表现进行分析总结，能够根据学生的学习情况和兴趣爱好等得到更加详细客观的结论，在后续的教学规划中，依据数据分析得出的结果，能够制订更加有针对性的教学内容，推送符合学生学习需求、难度适宜的英语阅读文章。同时，也可以将学生的阅读兴趣纳入大数据机制，向学生推送其感兴趣的文章内容。

（四）高校英语写作教学的创新发展

从语言输入与输出的角度来看，写作是语言的输出活动，属于一种产出性技能。掌握写作技能较为困难，因为其是一个人综合知识能力的集中反映。总的来说，写作是写作者利用书面语言来表达自身思想、与他人交流信息的过程集合，这一集合中需要写作者运用多方面的知识与技能，而且还需要对意义与信息进行加工与传递。所以，写作不仅是运用语言的一种手段，而且也是语言运用的一种目的表现。[①]

虽然高校英语写作教学一直在进行各方面改革，取得的成绩也是可喜的，但是目前国内大学生的英语写作能力仍然不容乐观。下面，我们对高校英语教学进行简要概述。

---

① 何广铿. 英语教学法教程：理论与实践[M]. 广州：暨南大学出版社，2011.

1. 高校英语写作教学简述

（1）高校英语写作教学内容

一般来说，拼写与符号、选词、句式、结构等都是高校英语写作教学的内容。

①拼写与符号。

如果缺少规范的拼写与符号，句子的含义就难以表达，文章的内在逻辑关系也难以体现出来，这就在无形之中提高了读者的阅读难度。可见，拼写与符号是高校英语写作教学中不可或缺的内容。

具体来说，学生首先应保证拼写和符号的正确性，以避免引起不必要的阅读障碍。在保证正确性的基础上，学生应努力使拼写规范、美观，易于辨认。虽然这些都属于细节问题，却对写作有着重要影响。

②选词。

在不同的文化背景下，词汇有着不同的意义。此外，词汇的含义还有表层和深层、基本义与引申义之分。因此，如果缺乏对词汇含义的准确了解，就很难在写作过程中依据表达需要来选择适当的词汇，这将对写作效果带来消极影响。

词汇的选取既是作者与读者进行交流的一种方式，也是作者写作风格的体现，且常常取决于作者的个人喜好。所以，在进行词汇选择时一般要考虑语域的影响，如非正式词与正式词、概括词与具体词等。此外，还应注意感情色彩的因素，如褒义词与贬义词的选择。

③句式。

句式对于写作来讲非常关键，因为语篇就是由一个个词与一个个句子通过一定的组合而构成的。英语句法结构丰富多变，对句式的掌握与运用是进行英语写作的利器，这就使句式成为英语写作教学的重要环节。

为了提升学生习作的可读性，教师可以通过句式练习来帮助学生掌握对句式的运用。具体来说，教师可以为学生进行示范，从而让他们体会句式的表达效果。此外，教师还可以组织学生进行讨论，使他们在讨论中相互交流认识，深化对英语句式的认识。

④结构。

从结构上来看，好的文章应该达到语句和谐连贯、结构完整统一的效果。此外，在布局谋篇上还应实现语句与文体、主题、题材的统一。

首先，和谐连贯。和谐连贯是一篇好文章的必备条件。所以，教师应对逻辑性与连贯性给予充分重视。在具体的写作教学过程中，教师应引导学生对词汇与词汇之间、句子与句子之间、段落与段落之间的内在联系格外重视，从而使文章实现统一、和谐、自然、流畅的表达效果。

其次，完整统一。一篇好的文章应具有清晰的逻辑与条理的表达层次。评价一篇文章优劣的重要标准之一就是看该文章是否完整统一。所谓完整统一，是指文章中所有的细节，如事实、原因、例子等都要围绕主题陈述和展开，所有的信息都要与主题相关，而所有脱离主题的信息都要删除，以保持文章段落的完整性。

最后，谋篇布局。所谓谋篇布局，就是根据不同的题材、体裁来确定篇章及段落的整体结构，并据此选择恰当的扩展模式，保证写作的顺利开展。在写作之前先要将谋篇布局作为写作的起点，对写作有着至关重要的作用。具体来说，段落的大体结构是"主题句—扩展句—结论句"，篇章的大体结构是"引段—支撑段—结论段"。需要注意的是，谋篇布局并不是固定不变的，当题材和体裁不同时，文章的谋篇布局也会随之变化。

（2）高校英语写作教学存在的问题

①教师层面。

其一，教学方法缺乏创新性。尽管目前的教学都倡导人文教育、素质教育，但应试教育现象依然存在，受此影响，在现在的高校英语写作教学中，教师仍然采用传统的结果教学法实施教学，即在课上向学生提供不同类型的范文，稍加讲解之后要求学生参照范文模仿，并要求学生在规定的时间内利用课外时间完成写作任务，最后由教师进行批改和讲评。这种教学模式的重心是写作的结果，忽视了师生、生生之间的交流，以及写作过程中对学生写作兴趣的激发和培养。久而久之，学生就会对写作产生厌倦情绪，其写作水平也就很难得到提高。

其二，教学割裂情况严重。英语教学是个整体工程，英语写作整体教学也不是孤立存在的，它与阅读教学、听力教学、口语教学之间有着密切的关系。但在实际的教学过程中，教师并没有将它们联系在一起，而是孤立地进行写作教学，这样是很难提高写作教学的效率的。

此外，写作涉及的内容十分广泛，会涉及经济、历史、地理、文化等各个方面，因此英语写作与其他学科有着密切的联系。但在实际教学中，教师未能联系写作学习与其他学科的学习，也未能发挥各个学科之间的互促作用。这样会减少学生写作素材的来源，会限制学生的视野，也会影响学生写作能力的培养。

其三，批改方法缺乏有效性。虽然时代在进步，社会在发展，但在写作教学中，很多教师依然采用传统的批改方法来批改学生的作文。他们只是针对学生作文中的基础语言点进行批改，如语法方面的错误、词汇用法方面的错误、拼写方面的错误等，对于作文的逻辑、主旨、框架等分析较少。这样做导致的直接后果就是学生在写作中仅关注简单的、表面的错误，尽量保证写作过程中不会出现标点、拼写语法方面的错误，他们也想当然地认为这样写出来的文章就是好文章，显然并不会对作文的内容、结构等方面的错误进行反思与总结，那么这些学生的作文水平往往难以提升到一个新的高度。

其四，课程设置缺乏合理性。目前，虽然很多高校的教师与学生都已经意识到了高校英语写作教学的重要性，然而高校英语写作课程在整体设置上仍然存在不合理之处。例如，很多院校都没有开设专门的英语写作课程，而只是将写作课融入其他技能教学中，这么做就会导致写作教学的时间得不到有效保障。另外，英语教师在教授英语课文时往往首先讲解词汇，然后分析课文、组织听力练习、组织阅读练习、完成课后作业，按照这一教学顺序，课堂时间已经所剩无几，教师根本没有充裕的时间来为学生讲解英语写作的理论知识与安排实践，这就导致了英语写作课变成了可有可无的内容，对学生英语写作能力的提升而言是相当不利的。

②学生层面。

其一，学生在教学中处于被动地位。"以学生为中心"和尊重学生的主体地位是现在教学改革所大力提倡的观点。但在实际的写作教学中，对学生角色的定位并没有准确把握。在写作教学中，教师通常会先确定写作主题，然后向学生提供范文并加以分析，最后布置课外作业。可以看出，无论是主题的选择、课堂讲解还是任务的布置，基本都是由教师来决定，学生在整个过程中都处于被动地位。教师忽视学生的主观能动性，将很难激发学生的写作兴趣和积极性，也很难培养学生积极的写作态度，这对学生写作能力的培养十分不利。

其二，学生学习动机不端正。由于思维习惯的不同，学生常常会在英语写作过程中出现错误的中国式英语表达。在这样的情况下，就容易让学生在英语学习的过程中产生消极被动的英语学习状况。同时，也会使得学生的英语学习、英语写作兴趣不高。在学习过程中，学习动机是影响学生学习的重要因素。如果学生缺乏动机，就难以积极主动地投入学习中，同时学习也会难有成效。英语写作具有实践性和持续性的特点，它是一门要求学生掌握扎实的语言基础知识，并且还能够充分运用语言的课程。因此，学生在英语学习的过程中，往往不能像其他学科那样在短期内就达到一个立竿见影的效果。对于英语写作的学习，更多的是需要长期的训练和积累，才能培养出学生的良好写作能力，让他们达到一个更高的写作水平。而大部分的高校学生，受地域文化和语言习惯的影响，在英语写作的学习过程中，常常单一地认为只要多背几个单词就能把文章写好。在这种错误的学习观念引导下，大多数的英语学生忽视了写作课的重要性，也缺乏或存在不恰当的学习动机。

2. "互联网+"时代高校英语写作教学的创新方法

"互联网+"时代高校英语写作教学有助于激发学生的写作欲望，让学生快速掌握写作方法，规范自己的写作语言，从而完成写作学习。因此，"互联网+"相关技术是高校英语写作教学的重要拓展手段。下面就来探究"互联网+"时代下的高校英语写作教学的方法。

（1）利用计算机文字处理程序辅助高校英语写作

利用计算机文字处理程序辅助高校英语写作，代替原有写作形式。

第一，计算机文字处理程序具备对标点、拼写、大写、小写等进行检测的功能，为学生提供了十分便利的工具。

第二，"拼写与语法"功能能够使学生降低拼写错误，并查出一些简单文法上出现的错误。

第三，"编辑"功能使句子段落的连接、组织、转移等变得轻松，写作者可以通过添加、剪切等手段来修改文章。

第四，有的计算机文字处理程序还带有词典，学生可以迅速查询词的意义和用法。

总之，计算机文字处理程序的功能在一定程度上减少了写作的重复劳动，节约了很多时间，学生能够花费更多的精力在写作上，增强了他们对写作的兴趣和积极性。

（2）运用互联网技术支持英语写作

①对 iWrite 自动评阅系统进行运用。

自动评阅系统（automated writing evaluation，以下简称 AWE 系统），20 世纪 60 年代发源于美国，最初只具备评分功能，后来发展迅猛，可以像人类一样评阅学生文本，但更加快捷、高效，成为人工评阅作文的真实可靠的补充，并被引入课堂教学。国外研究证实 AWE 系统不仅可以减轻教师评阅作文的负担，还可以提升学生习作的文本质量、写作技巧及自主学习能力。

近年来，国内陆续推出了几款自主研发的 AWE 系统，其中 iWrite 英语写作教学与评阅系统（以下简称"iWrite2.0"）由北京航空航天大学梁茂成教授领衔研发，其评价体系包括"语言、内容、篇章结构、技术规范四个维度"[1]。该系统于 2015 年推出后得到业界好评。在高校英语写作教学过程中，教师可以运用 iWrite 2.0。

其一，其易于学习操作。iWrite2.0 流程简单，教师建立班级后，学生注册根据班级号加到本班。教师可运用平台资源或自己出题"布置新作文"，写明题目及相应要求和完成时间并发布，学生登录后可直接看到写作题目和要求，在规定的时间内完成写作并提交；系统对学生作文进行分析打分，指出学生的表达错误等；学生根据系统给出的反馈反复修改提交。教师进入班级后可获得每个学生和全体学生的作文分析结果，教师可针对每个学生进行有针对性的辅导或针对大多数学生的问题进行讲解。

其二，其能够实现即时反馈和修改。反馈是写作教学中最重要的环节，在学生提交作文后，iWrite2.0 会针对学生常见的拼写错误等进行自动批改，对用词、搭配、表达等进行按句点评并提供修改意见和给予评价。这种针对学生书面语言和表达错误的即时反馈能增强学生的改错意识，在不断修改中，学生的作文不断得到完善，最初的一次成稿变为多稿修改完成，体现了写作的过程性。在这一过程中学生的英语写作能力得到不断挖掘和提升，提高了学生对写作的信心和对自身写作能力的自我效能感，大大降低了学生对写作的焦虑。

其三，其有利于教学和研究。在传统英语写作教学中，教师花大量时间书面

---

[1] 宋灵青.《中国大学生英语写作能力报告（2020）》发布：以大数据反哺教学 促写教学创新发展[J]. 中国电化教育，2020（8）：1.

批改完学生的作文后，对于学生的写作现状和存在的问题还停留在主观的感性认识上，不利于教师对教学内容、方法的全面反思。自动作文评阅系统可以对学生作文及写作情况进行数据分析，形成客观且全面的数据统计。教师通过这些数据研究，了解学生现阶段写作情况和在语言、语篇上的共性错误，从而促进教师反思写作教学中存在的问题，为今后的教学内容教学方法提供改进的方向。同时，在自动在线批改系统的技术支持下，从学生入学起，教师可为每位学生建立写作学习档案，跟踪学生的写作学习进展，对学生的写作进行形成性评估，根据数据分析动态掌握学生学习状况。同时，学习档案袋也给教师科研提供了第一手的资料。

其四，其能够转变教师角色。在传统以教师为中心的写作教学模式中，教师无论是在布置任务还是在批改作文中都是主角，但 iWrite2.0 成就了以学生为中心的个性化写作教学模式，教师的角色发生了转变。在 iWrite2.0 中教师承担着多元化的角色。教师是写作活动的设计者，是学生思维方法的启迪者，是写作过程中的监督者，更是写作的指导者。有了教师的监督、指导和激励，学生会积极投入英语写作、修改、再写作、再修改的过程当中，写作水平才能不断提高。在多元化的角色中教师由改错者变指导者更加重要。

传统书面写作批改任务重，时间紧，教师很难从篇章、结构等层面给出学生细致的批语。就算教师费了很大心思批改，由于没有及时地反馈，学生的改错意愿减退。iWrite2.0 将教师从繁重枯燥的语言纠错中解脱出来，教师可以更多地给予学生在语篇、结构及内容方面的指导，而这正是学生受中西思维差异最难提高的部分。iWrite2.0 在高校英语写作教学中的应用对于提高学生的自主英语写作能力、激发学生英语写作的学习动机和提高学生对自身写作能力的自我效能感有着积极意义，也有助于深化高校英语教学改革所倡导的培养学生自主学习能力的理念。

②对句酷批改网进行运用

随着信息技术的发展，高校都纷纷在教学中运用互联网技术，"句酷批改网"也在此背景下出现。与传统的写作教学不同，句酷批改网实施线上作文，学生在系统上完成作文，点击提交作文，几分钟内系统就给学生作文打分数，并提出相应的修改意见。句酷批改网的使用为写作教学带来了很大的便利，减轻了教师的作文批改工作量，也有助于提高学生的英语写作水平。

其一，教师可以通过运用句酷批改网，在教学过程中共享优质作文，减少抄袭率。句酷批改网有着丰富的网络共享资源题库，能够给予教师多方面的帮助，如考研测试、作文预测等方面，且还能够及时为学生提供优质的作文题目，这些作文还有着相应的范围，能够为作文的批阅提供便捷性和精准性，方便教师在写作教学课堂中在屏幕上展示一些学生的优秀作文，便于共同讲解和分析英语写作共性问题，提升写作水平。与此同时，句酷批改网能够根据网上资源来分析作文相似度，结合题目的相似程度，注明来源，有助于教师快速、高效分辨其真伪度，防止出现作文抄袭现象。句酷批改网的应用方便了学生互评，学生之间既能发现同伴的不足和优势特长，又能在自我修改作文期间进行学习完善，扬长避短。

其二，教师可以通过运用句酷批改网，快捷批改作文，突出词汇辨析拓展效能。句酷批改网区别于人工方式的作文批改，其具备着较为明显的时效性和快捷效能。比如，学生在写作完成之后，直接提交至批改网上，立即就能得到相应的分数值，且还能给出较为优质的批改意见，学生可以结合这些意见来进行反复修改，直至满意为止。除此之外，句酷批改网能够及时给出学习提示、辨析拓展及表达推荐。其能够结合句型来点评作文，详细点评句型的语法和词汇方面，如易混淆词汇、参考词汇和辨析词汇等，对于学生频繁出错的写作区域进行及时的指正和反馈，这样一方面学生能够认识到改正重点，另一方面又能够维护学生的个人自尊，学生利用互联网技术，结合修改意见，开展作文创新、搜索、选择，提升自我认知、自我评价和自我纠正能力。

其三，教师在运用句酷批改网时，也要注意不能对其全然依赖，应坚持系统自动批阅与教师指导相结合，增加学生互评。这是因为，有时会存在学生的作文离题或者机译这种情况，系统不能给予准确的判断，这就需要将系统自动批阅与教师人工批阅指导相结合起来，发挥二者各自的优势，弥补句酷批改网的不足。教师在批改网上安排写作任务时，要尽力发挥自身的作用，不能完全依靠网络，只布置任务，不给予指导和点评。学校可以在批改网系统里申请建立一个师生互动的平台，学生可以随时将自己英语写作过程中遇到的问题直接反馈到平台上，教师可以一对一进行解答。如果对系统给出的修改建议有疑惑，学生也可以在平台上咨询老师。这样学生有疑问都可以随时随地与教师进行交流互动。针对部分学生认为教师在批改网上布置作文是不负责的体现，教师也应及时与学生沟通，经常对这部分学生给予写作指导。

（3）利用微信、QQ辅助高校英语写作教学

微信、QQ可以成为英语教师教授写作课程的助手，帮助教师加强与学生之间的沟通与交流。在写作过程中，学生可以将自己完成的作文通过微信、QQ发给教师，教师在完成批改之后，再利用微信、QQ发给学生。学生对于教师批改的作文进行修改与反思，最终形成一篇优秀的作文。

英语教师还可以为每个班级创造一个邮件组，师生都可以给邮件组中的成员发送信件，然后教师从中选出优秀英语作文，作置顶处理或发布在首页，让更多学生观摩。

每个班级也可以自己成立一个写作公众号或者微博账号，安排学生定期对微博的内容进行更新，其他学生可以进行学习和观看，并提出建议。

此外，教师可以鼓励学生利用微信、QQ等与同学、他人用英语进行交流，尤其是与以英语为母语的人进行交流，这可以有效帮助学生提升自身的英语运用能力。经过一段时间沟通，学生可以将自己的交流心得写成作文，其中可以写生活、学习、旅游、家庭、爱好等各个方面的主题作文，从而实现自身英语写作水平的提升。

（五）高校英语翻译教学的创新发展

1.高校英语翻译教学简述

（1）高校英语翻译教学内容

一般来说，高校英语翻译教学的内容主要涉及以下三个方面。

①翻译基础理论。

翻译工具书的类别与运用方法、翻译的过程、翻译的标准、翻译对译者素质的要求、翻译理论、翻译历史等翻译理论知识是高校英语翻译教学的重要内容，有利于学生建立翻译的基本框架、树立对翻译的基本认识。

②英汉语言对比。

教师应从语义、词法、句法、文体、篇章及思维、文化等层面为学生讲解英汉语言的区别。这部分内容可以较为完整地揭示出两种语言的异同，对于保障翻译质量大有裨益。

③常用的翻译技巧。

一名合格的译员不仅应具备一定的翻译知识，还应掌握一定的翻译技巧，这对于提升翻译效率具有重要意义。因此，音译法、意译法、直译法、正译法、反译法、增译法、省译法等翻译技巧应成为高校英语翻译教学的重要组成部分。此外，在适当的时候，教师还可以为学生补充词性的改变、句子语用功能的再现等内容。

（2）高校英语翻译教学存在的问题

①教学理论与实践脱节。

翻译是具有实践性特征的一项语言技能，需要理论与实践的有机结合。对此，在高校英语翻译教学中，教师除了传授学生基本的翻译知识与技巧外，还需要不断带领学生参与到翻译实践中，在实践中验证学生对课堂的掌握情况。但是就目前来看，我国很多高校在翻译教学中都是理论与实践脱节，仅传授理论，导致学生学习了大量理论知识，但无法有效运用到具体交际实践中。

②教师素质有待提升。

教师要教书育人，首先自身素质要高，这样才能起到榜样的作用。但目前，翻译教师的整体水平较低，很多教师翻译功底不足。在翻译教学中，很多教师也没有足够的经验，并未形成科学、规范的教学习惯，因此对于翻译人才的培养是十分不利的。另外，很多教师也并非翻译专业出身，对翻译的基础知识掌握得并不透彻，很难有效地开展翻译教学，更不能有效培养学生的翻译能力。

③学生的双语能力薄弱。

翻译涉及两种语言的转换，所以要想有效进行翻译，就要具备双语能力。所谓双语能力，就是两种语言沟通所需要的程序知识，包括两种语言的语用、社会语言学、语篇、语法和词汇知识在翻译文本中，双语能力主要体现在一定语境下的翻译能力，如连贯与衔接、语法差异等方面。但学生普遍缺乏语境知识，双语能力薄弱，译文常会出现连贯性不强、语法错误较多等问题。

④学生的语言外能力不足。

翻译涉及的内容和主题十分广泛，除了要具备翻译技能外还要具备语言外能力，即关于世界和特定领域的陈述性知识。具体而言，语言外能力既包括原语文化知识和目的语文化知识，也包括百科全书知识，还包括其他领域的学科知识等。但大部分学生在语言外能力上有所欠缺，文化知识的翻译表现不佳。例如，文化知识的欠缺，学生在翻译"腊月"一词时，误译成了"the end of Lunar December"，其中"Lunar"一词的确有"阴历"的意思，但不是中文"腊月"的意思。

2. "互联网+"时代高校英语翻译教学的创新方法

（1）与互联网技术相结合，开展英语翻译教学

随着网络时代的来临，信息技术与教学活动之间的联系也日渐紧密，在"互联网+"时代，高校应在树立互联网思维的基础上，将多媒体英语交际教学机制融入翻译教学当中，打破以往传统的"填鸭式"教学模式。教师借助多媒体载体开展英语翻译教学活动，不但能够突显出学生的主体地位，还能够使学生的自主学习能力得到提升。

对于许多大学生来说，他们自身对英语翻译的理论部分兴趣不大，但却很喜欢看国外电影，这时教师可以把握学生这一特征，在课堂中借助多媒体设备为学生播放经典的英文电影，并且在屏幕中展示影片的中英文字幕，教师适时暂停影片，对下方字幕中的中英文进行讲解，这时学生便会好奇电影对白是怎样翻译出来的，在教师的科学引导之下，学生逐渐对英语翻译有了更深层次的认识，切实感受到中英语言风格上的差别，并从中总结出英语翻译的技巧。另外，教师还可以利用课余时间收集一些音频资料，将音频资料与翻译理论知识相结合，使学生能够更加直观良好地了解和掌握理论知识，此种学习方式不至于过于枯燥乏味，能够为学生提供一片自由学习的乐土。

教师要善于应用互联网信息技术，如通过在中国知网进行文献检索等方式，查阅和了解英语翻译研究的最前沿知识，不断更新教学观念，从而更好地利用信息化时代的优势来培养英语翻译人才。

教师要引导学生自主利用互联网技术来进行学习。俗话说"授人以鱼不如授人以渔"，学习的技能比单纯的知识的学习具有更加重要的意义，因此教师在进行翻译教学的时候，除了知识的教学之外，还需要教会学生学习方法，让他们学会自主利用学习方法来进行相关的学习，这样的教学对学生来说具有更加积极的意义与帮助。同时，翻译不仅仅是两种语言的转化，还涉及专业知识、百科知识和双语文化知识。学生只有具备跨学科的技能和知识，才能顺利完成翻译任务。

所以,"互联网+"时代在开展英语翻译教学时,教师应引入网络翻译工具和资源,让学生善于利用网络工具来辅助翻译,恰当使用网络中庞大的信息资源库和自由的百科全书,拓展自己的检索范围,提升翻译文本的准确性。

"互联网+"时代出现了很多学习英语的平台和英语翻译的学习软件,如Trados、CNKI翻译助手、彩云小译等,可以显著简化翻译过程并且降低翻译劳动强度。在翻译资源和工具的辅助下,学生能显著提升翻译质量和速度,并且逐步独立完成相对复杂的翻译任务,提高自主学习的能力。

(2)利用互联网信息平台,拓宽英语翻译学习渠道

在"互联网+"时代,学生可以利用互联网学习平台学习英语翻译,互联网信息平台上有非常丰富的外报学习资源,学生可以在课余时间对一些知名报刊进行翻译,如时代杂志、经济学人等。这些报刊之中经常出现一些常见的词汇与语句的用法,且内容涵盖的范围比较广,能够帮助学生提高英语阅读量,还可以帮助学生拓展翻译之外的知识领域的信息,为学生提供非常丰富的语料库,从而使其翻译能力实现进一步提升。

传统高校英语翻译教学受到教学时间和空间的限制,很多课堂活动难以顺利开展。而网络环境下的翻译教学,可以打破传统课堂的"屏障",以网络为平台,展开各类教学活动,实现教学形式的灵活与创新。例如,在"广告语"翻译教学中,教师可以采用现象分析教学模式,通过网络平台,向学生出示同一个广告语对应的多个翻译版本,要求学生利用网络平台的群组讨论功能,对各个翻译版本进行对比分析,并从中总结出广告语翻译的基本原理、翻译技巧及注意事项。而这一过程中,教师可以利用网络平台的分组指导和线上点评功能,随时给予学生适当的点拨和引导。

英语教师也可以通过网络平台模式进行资源的检索,找到适合实际生活的案例内容,以这样的方式来给学生带来翻译学习的实际应用课程资料。比如,在公共场合和旅游景点中的英语标语、英文说明及指示牌等内容,这些资源的收集都能够展现出英语翻译的使用价值。学生也能够通过这样的学习,感受到课程的知识能够展现到实际的生活中,这样的课程内容融合还能够让学生感受到标语指示牌等具体翻译同自身翻译之间的内容偏差,更好地激发学生对于英语翻译学习的主观能动性。

教师应充分利用移动学习平台。在如今的互联网时代，教师和学生要充分利用移动学习平台，从而给英语翻译教学带来良好的体验、契机，使得学生能利用碎片时间随时随地地进行学习。教师可以通过微信为学生传递英语资料让学生进行翻译，同时强化师生之间的交流和沟通。也可以借助订阅号来对英语翻译题进行定制，教师再为学生推荐一些有利于英语翻译学习的平台，比如翻译研究、中国双语新闻、大学英语等，让学生自行学习。学生在订阅了这些内容后，可通过微信公众号来获取需要的学习信息。教师也可建立微信学习群，将英语翻译内容、课外翻译资料通过文件的形式发送到微信群中，方便学生进行学习。学生还要充分利用微信语音信息，借助其来练习英语翻译，完成相关的学习任务。学生可以通过语音来向教师提出英语翻译问题，教师再通过语音进行解答。这样一来，便能为高校英语翻译教学提供更加便捷的平台。

高校还可以构建自身专属网络翻译教学平台。借助信息网络技术，可以构建有效的高校英语翻译教学平台。在教学平台中，教师能够针对学生进行宏观指导，可以避免翻译活动的盲目性。在网络信息技术平台中，高校应整合优质翻译网络资源，开发翻译电子课件和视频，加入翻译理论模块和翻译实践训练模块，呈现翻译转换策略和英汉语言知识，为学生的翻译学习提供支架和示范。

基于高校网络翻译教学平台，学生可以结合自身需求自主安排翻译学习计划、选择学习材料，实现个性化的英语翻译学习。网络平台中融合图像、文本和声音等多元化资源，能增强学生的感性认知，让原本枯燥的翻译理论教学内容变得更有趣味性和形象性，促进学生对深层翻译理论的理解，从训练单项翻译能力转变为拓展多维翻译技巧。

三、"互联网+"背景下高校英语文化教学创新发展

（一）高校英语文化教学简述

1. 文化的含义

对于普通人来说，文化就可以比作水与鱼的关系，是一种平时都可以使用到，却不知道的客观存在。对于研究者来说，文化是一种容易被感知到却不容易把握的概念。

对于文化的定义，最早可以追溯到学者爱德华·泰勒（Edward Burnett Tylor），他认为，文化或者文明是从广泛的民族学意义来说的，可以归结为一个复合整体，其中包含艺术、知识、法律习俗等，还包括一个社会成员所习得的一切习惯或能力。[①]之后，西方学者对文化的界定都是基于这一定义而来的。而在对一些关于文化的定义进行总结与整理的基础上，一个较为全面的定义诞生了。

其一，文化是由内隐与外显行为模式组成的。

其二，文化的核心是传统的概念与这些概念所带的价值。

其三，文化表现了人类群体的显著成就。

其四，文化体系不仅是行为的产物，还决定了进一步的行为。

这一定义确定了文化符号的传播手段，并着重强调文化不仅是人类行为的产物，还对人类行为的因素起着决定性作用。同时，其还明确了文化作为价值观的巨大意义，是对泰勒定义的延伸与拓展。在文化领域下，本书认为文化的定义可以等同于 2001 年联合国教科文组织发表的《世界文化多样性宣言》中的定义：文化是某个社会、社会群体特有的，集物质、精神、情感等为一体的综合，其不仅涉及文学、艺术，还涉及生活准则、生活方式、传统、价值观等。

进入 20 世纪 90 年代之后，文化的界定种类繁多，这里归结为两种：一种是社会结构层面上的文化，指一个社会中起着普遍、长期意义的行为模式与准则；另一种是个体行为层面上的文化，指的是对个人习得产生影响的规则。这些定义都表明了，文化不仅反映的是社会存在，其本身就是对一种行为、价值观、社会方式等的解释与整合，是人与自然、社会、自身关系的呈现。

2. 文化教学的具体教学目的

在当前，高校英语文化教学的目标是提升学生的跨文化交际能力。具体来说，主要可以从以下三点来理解。

（1）帮助学生树立多元文化意识

了解世界文化的多样性，有助于人们建立多元性的观念。文化不同，其产生的背景也不同，因此彼此之间不能进行替代。在全球化视角下，不同文化群体之间的交流变得更为频繁，人们需要理解与尊重不同的文化，这样避免在交际中出现交际困难或者交际冲突。

---

① 泰勒. 原始文化 [M]. 蔡江农。译. 杭州：浙江人民出版社，1988.

在高校英语文化教学中，教师应该让学生对不同文化逐渐了解与熟知，让他们不仅要了解自身的文化，还要了解他国的文化，这样才能建构他们多元化的意识。

（2）发展学生的批判性思维

在高校英语文化教学中，教师应该培养学生的批判性思维，让学生逐渐反思本国的文化，然后将那些有利的条件综合起来，对文化背后的现象进行假设，从而建构自己的文化观。

（3）为学生创造学习异质文化的机会

当不同文化之间进行了解与接触的时候，难免会出现碰撞，并且很多人可能对这种碰撞感觉到不舒服、不适应。因此，在高校英语文化教学中，教师应该让学生了解这一点、规避这一点，提升自身的文化适应能力。

3. 高校英语文化教学存在的问题

（1）教学大纲中缺乏可操作性的具体指导

2007年7月教育部下发了《大学英语课程教学要求》作为各高等学校组织非英语专业本科生英语教学的主要依据。整个文件较为详细地规定了听力理解能力、口语表达能力、阅读理解能力、书面表达能力、翻译能力、词汇量等，但是关于"跨文化交际"，仅仅在教学性质和目标出现一次，缺乏量化指标和可操作性的指导。

（2）文化碰撞实战演练较少

在母语环境中学英语的效果显然没有到目的语的环境中去学英语的效果好。我国的学生学习英语大多是在国内完成，缺乏英语环境与氛围，与异域文化的接触与碰撞较少。例如，学生在学习西餐中"开胃菜"这一单词时，可能要背诵好多次，对这个词的印象才能清晰，继而逐渐记住，但是对于开胃菜到底是什么可能还不是非常清楚。英语文化氛围的缺少必然会不利于学生的文化学习。

（3）高校英语教学中侧重语言学立场

所谓高校英语教学的语言学立场，即将英语作为一门语言知识来教授的教育策略。具体来说，高校英语教学的语言学立场主要教授给学生词汇、语法等语言知识与语言规则，忽视语言背后的其他内容的教授，英语教学中这种单一的语言学立场明显是具有局限性的。

(二)"互联网+"时代高校英语文化教学的创新方法

（1）课前的预习

课前的设计是课堂学习效果的保障。英语文化教学涉及面广、内容丰富、课堂时间短，课程的设计必须有前瞻性和预见性。要想达到有效的课堂教学效果，需要师生做好课前的准备工作。课前的预习能使学生对课堂内容提前有所了解，有所准备。教师可以将预习的内容和要求通过微信和QQ群发布，提示学生课前完成。

（2）课堂的教学

对于文化内容的教学来说，课堂教学的重点是文化知识的传输，而单一的讲解往往是枯燥乏味的，很难达到良好的教学效果。课堂的教学不只是课前准备好的PPT课件，还包括对布置学生预习的内容的讲解和总结，教师要实现有效时间内的高效，必须做到统筹安排，既要考虑内容的丰富性，还有考虑形式的多样化。时间、内容、教学手段和教学效果有机结合是高质量教学的重要因素。教师要把教学内容、文化和语言知识、技能的讲解融会贯通于课堂上，需要利用计算机多媒体、网络视频等多媒体立体化教学手段。

（3）课后的教学

文化内容丰富多彩，但课堂上只能起到点睛的作用。为了使学生能详细深刻地了解、理解和掌握不同文化的知识和文化差异性，课后布置相关资料的查询和视频观看，非常有益于对课堂内容的巩固和理解。这时候先进的"互联网+教育技术"发挥着极其重要的作用。教师可以利用慕课等"互联网+"教育技术"和数字化信息平台，查找与教学内容相关的视频或资料，对教学内容加以扩充。

教师可以首先借助互联网收集一些课程相关的材料，包括视频和文字资料；从中整理归纳，选取1~2个贴近教材的视频和文献，然后借助云课堂平台发布给学生，使学生在课前对即将讲到的内容有所理解和熟悉。发布给学生预习材料的同时，教师可以给出1~2个思考题，将用于课上讨论。教师可以借助于云课堂平台查询学生预习情况，了解他们的学习状态和问题。

例如，在教授"文艺复兴"有关文化知识时，我们都知道，文艺复兴在西方文化中占有重要地位，学生对文艺复兴也有一定的了解。但是要想将这段历史用英语准确表述出来并不容易，尤其是这一阶段的成就和杰出人物众多，很多细节和背景也不是一两节课所能讲透的。因此，教师对材料的熟悉和整理至关重要。如果材料准备恰当，学生其实在预习过程就了解和掌握了教学内容和重点，课堂上的讨论和学习就成为复习和巩固。

课堂教学虽说在于课堂，但是很多功课在于课前准备。课件准备不只是一个 PPT 那么简单，课堂的设计是一个大工程，内容和形式的统筹，课堂活动的组织和安排，学生的反馈和课堂节奏的把控，以及应急机制和预案的灵活掌握，尽在教学设计的范畴。即便如此，课堂教学进行得成功与否，仍然取决于讲台上的几十分钟。教师登上讲台就等同于走上舞台，其精神状态如何、情绪是否饱满，课堂教学进行是否顺畅，以及如何处理学生的反馈，都是至关重要的因素。

在讲述"文艺复兴"内容时，教师可以结合视频材料事先给出几个问题：文艺复兴的定义、文艺复兴产生的背景、文艺复兴的成就、文艺复兴时期著名人物，以及文艺复兴运动的影响等。这些问题是课文中的主要内容，同时在教师所提供的视频中也能看到，而且相关的词汇反复出现，对于学生来说应该不难发现。教师在总结过程中也会借助一些图片或者小视频讲述相关的背景或故事，这些取决于在备课过程对于背景资料的透彻了解。为了检测学生学习效果、巩固学生学习知识，在课堂的最后一个环节，教师可以利用云课堂对当天的知识进行小结和检测。几分钟的云课堂习题成为课堂教学的完美收官。

课堂教学的时间非常有限，有些内容无法展开讲解。先进的计算机网络技术可以让课堂教学延长至课后。教师可以在反思和总结课堂教学的基础上，把一些学生感兴趣的材料或者补充练习通过云课堂平台发布给学生。发布的内容不必统一要求，有能力、有兴趣的学生可以深入学习和研究，这样才能做到因材施教、有效教学。

在"文艺复兴"教学过程结束后，发给学生的有 BBC 的视频，有文艺复兴展览介绍，还有相关网站网址的链接，便于有兴趣的学生对文艺复兴不同方面的深入了解。比如，设计专业的学生对文艺复兴时期的绘画和建筑风格等兴趣浓厚，为他们提供相关视频，让学生在了解专业知识的同时学习英语，让学生借助于英语这个工具学习了专业知识，真正实现内容依托式文化教学。

第四节 "互联网+"时代高校英语教学新模式

在"互联网+"时代背景下,一些新兴的教学模式获得了良好的资源条件,而它们也成为信息技术与学科教育深度融合的重要途径之一。本章对"互联网+"时代的高校英语翻转课堂教学模式、微课教学模式、慕课教学模式进行阐述。

一、"互联网+"时代的高校英语翻转课堂教学模式

(一)翻转课堂教学模式概述

1. 翻转课堂教学模式的内涵

所谓翻转课堂,就是学生提前进行学习,然后教师在课堂上对学生进行组织讨论,学生提前学习的内容是教师给出的音频、视频、电子教材等。

翻转课堂最初是由美国人萨尔曼·可汗(Salman Khan)于2007年提出的,他利用网络视频进行"翻转课堂"授课,取得了巨大的成功。加拿大《环球邮报》将"翻转课堂"教学模式评为"2011年影响课堂教学的重大技术变革"。萨尔曼·可汗堪称翻转课堂的"开山鼻祖"。

翻转课堂(flipped classroom)又称"颠倒课堂",它的教学过程包括知识传授和知识内化两个阶段。在传统教学模式中,知识的习得主要有三个步骤:讲授—内化—外化。教师通过课堂来传授知识,学生在课后完成作业与实践来实现知识内化。翻转课堂与上述传统教学模式完全不同,教师根据自己的教学计划布置课前预习的内容,学生可以通过"云课程"及其他媒介在课前主动进行学习,教师对学生学习过程中的困难进行启发、排解,师生之间实现平等交流,学生在课后进一步通过实践来深化知识。简言之,由先教后学到先学后教,实现课堂的翻转。

近年来,翻转课堂同样在国内引起了巨大的反响。作为一种基于信息技术的新型教学模式,翻转课堂颠覆了传统教学流程,大力引导学生展开自主学习。作为一种新颖的成功授课模式,翻转课堂为我国英语教学改革提供了有益的借鉴。

然而,翻转课堂并不是在线课程,也不是利用视频来代替教师,它只是一种师生之间互动学习的方式,为学生进行自主学习提供了充分的时间与空间,学生在教师总体学习进程的控制下获得了个性化发展。

2.翻转课堂教学模式的要素

翻转课堂模式的构成要素包括三个方面。

（1）课前教学内容的有效传达

在翻转课堂中，课前教学内容的有效传达是教学的基础。当前，我国翻转课堂在传达教学内容时采用的是视频及纸质学习材料两种。教学视频被认为是目前翻转课堂课前教学的基本方式。对于教学视频的来源，教师可以尝试以下两种途径。

①制作视频。

对于翻转课堂中所使用的视频，教师可使用录屏录音软件、电脑、手写板、麦克风等设备进行制作，并遵循以下步骤：

第一步：教师可以使用录屏软件来捕捉电脑屏幕上幻灯片演示和电脑操作轨迹。

第二步：利用麦克风来录制讲述的音效。

第三步：利用手写板实现平常书本上的书写效果。

第四步：利用音频编辑软件加工录制的声音。

除此之外，教师还需要关注视频的画面质量。

需要特别说明的是，教师制作的视频应短小精悍。当前高校学生的生活是快节奏的，如果视频太长或内容太过复杂，往往会引起学生的反感。

②使用现成的教学视频。

使用现成的教学视频是教师的最佳选择，主要基于以下两个方面的考虑：

第一，教师在面对视频录制仪器时可能会产生紧张的心理，这会严重影响教学的进程与效果。因为视频录制通常是教师面对机器自言自语，这与传统授课形式带来的心理感受完全不同。

第二，教师的教学任务十分繁重，没有时间和精力来制作视频。

因此，如果可以在网上找到该门课程的高质量教学视频，教师就可以节省很多精力。当前，网络上关于教学的视频多种多样，教师可以自己下载或安排学生进行搜索下载并在教学中使用。

（2）课中内化活动的有效进行

教师在翻转课堂的组织过程中要注意以下几个方面。

其一，对于英语教学，英语导读类课程比较适合翻转课堂，这类课程可以通过计算机网络中心展开。学生在课下学习教师安排的知识内容，课上教师对重难点进行解释，随后可以通过计算机网络中心实现在线测试。学生在完成测试后可以及时获取网络学习资源与背景知识，同时与自己的测试结果进行对比，从而巩固所学的知识点。

其二，英语课程包括语言、文化两方面因素，教师在安排学生学习时，要按照从初级认知的识记理解到高级认知的综合应用这样一个逐步递增的过程进行。教师在安排学生学习语言知识、文化现象的同时，还需要组织与此相配合的学习活动，让学生在已有知识的基础上加深对不同文化知识的理解。

其三，个体学习与合作学习相结合。个体学习有助于学生充分完成识记、领会等教学目标。

（3）课后学习效果的客观评价

在翻转课堂教学模式中同样需要重视对学生学习结果的评价。对于翻转课堂中所采用的个性化学习测评，主要依靠教师在平常与学生接触的过程中所形成的评价。教师需要依靠自己的教学经验来判断学生对知识的掌握程度。这种即时测评的优点有利于纠正学生对知识的误解，并根据学生的认知差异为学生提出合理性的学习指导。

翻转课堂兴起的时间尚短，其评价方式还没有形成一定的系统与规范。因此，翻转课堂的学习评价主要是要求教师与学生保持及时的沟通与交流，根据学生的个性特点进行引导。另外，教师还需要为学生提供多种渠道来展示学习成果，从而让学生建立起足够的自信心与成就感，促进他们更有动力地去学习。

3. 高校英语应用翻转课堂教学模式的优势

（1）有利于学习者安排英语学习时间

翻转课堂模式有助于学生安排学习时间，尤其是即将毕业的大学生，他们需要在实习工作上花费很多时间，因此并没有充足的时间置于课堂学习。这些学生需要的是能够迅速传达知识的课程，让他们在闲暇时间学习知识。对于这些学生来说，翻转课堂模式是非常适合的，利于他们对自己的学习时间的安排。

（2）有利于提升师生互动，构建轻松和谐的高校英语课堂

师生互动是高校英语课堂的一种至关重要的学习方式。通过维系师生的互动

关系来构建起轻松和谐的高校英语课堂。传统课堂上教师占据主导地位，而学生则处于附属地位，这在一定程度上压制了学生的评论性思维和开创性思维的发展，进而疏远了师生关系。翻转课堂能从根本上全面推进师生互动。翻转课堂上作为教学引导者的教师不再受到讲台的束缚，耐心解释并答复学生的各种问题，细心地与学生进行互动，师生关系融洽必然会提升学生的学习主动性，从而构建起轻松和谐的高校英语课堂。

（3）有利于加快英语知识获得和内化，实现因材施教

知识内化是通过知识交流和知识共享，使学生吸收和理解新知识。知识的获得与内化是学生在一定情境下，通过人际协作活动实现意义建构的过程。翻转课堂教学模式主张互助学习、课前预习、课上讨论、课后强化，有助于学生对知识的理解、吸收和应用。

传统课堂上，一个教师给所有学生在同样的时间、同样的地点传授同样的知识，无法根据学生的个体差异做出教学调整。这些缺陷恰恰被翻转课堂的教学模式弥补了。翻转课堂中教师在课前把授课内容录成视频交给学生，让学生进行自主学习，课堂能让教师参与到各个学习小组，除了解答学生反馈的共性问题，也能实现针对不同的学生进行个别指导，实施因材施教，从而有利于学生更好地完成知识获得和知识内化，大大提升学生学习效果和教学效果。

（4）有利于差生进行反复学习

在传统教学课堂中，教师将更多重心放在成绩优秀的学生身上。这是因为在教师的眼中这些学生可以追赶上教师的步伐，且愿意积极主动地参与到教师的教学中。但是，除了这些成绩优秀的学生外，其他英语水平较低的学生往往是被动听课，甚至很难跟上教师的节奏。对于这种情况，在翻转课堂上，学生可以随时对视频进行暂停或重放，直到自己理解和明白为止。另外，翻转课堂模式还可以节省教师大量的时间，让教师将更多的精力投注于成绩不好的学生。

（5）有利于学生实施个性化英语学习

众所周知，各大高校的学生来自不同地区，其自身发展水平必然会存在差异，这也使得他们在英语知识与技能方面有着参差不齐的水平。而翻转课堂教学模式根据学生的实际情况等展开教学，使每位学生能够从自己的进度出发来进行学习。

（二）高校英语翻转课堂教学模式设计

1. 课前：开发课前学习资源

教师要以教学对象特点和教学重难点为出发点来开发学习资源。学习资源包括教学视频、音频、文档及 PPT 课件等多种形式，其中教学视频是学生课前自主学习的主要资源之一。

大学生来自全国各地，存在地域性的差异，所以英语发音和语音语调存在着巨大的差异，高校英语教师在录制教学视频时首先要考虑学生的个体差异性。

一方面，教师要尽可能地录入声音、PPT 和教师讲授时的活动图像信息，学生不但能从声音、课件信息中获得教学内容，而且能从教师讲授时的肢体语言、声调、语言感情达到身临其境，能更好地吸引学生的注意力，提升学习效果。另一方面，教师在录制视频时要考虑内容的难易度，教师可设置几个不同层次的教学内容来满足不同英语学习水平的学生。

高校英语教师作为学生学习的引导者，要宏观监控翻转课堂中学生的自主学习。教师可借助先进的现代化设备监督学生的学习、检查学生的学习任务完成情况、促进师生之间的沟通。教师在监控学生学习的同时能积极发现教学内容中的共性问题和个性化的问题。在课堂上，教师可统一讲解共性问题，在课下可以针对个性化问题进行讲解。这样既能不浪费课堂时间，又能使学生觉得备受关注，及时查缺补漏。

总之，在课前学习中，教师要实时监控，清楚地掌握学生对所学内容的掌握情况以及应用情况，为学生课堂上的互动提供良好的教学依据。

2. 课中：教师发挥主导作用

翻转课堂的关键在于知识的内化，教师要发挥主导作用，精心设计师生互动的环节，才能帮助学生高效地完成知识内化。

在高校英语课堂上，有足够的时间让教师和学生进行交流。教师可以设计多样化的语言技能训练和互动活动。例如，分组讨论、知识竞赛、个人演讲、角色扮演、疯狂单词等，训练学生听、说等英语基本技能，使课堂氛围轻松和谐，激发学生学习英语的兴趣和热情，帮助学生高效地完成知识内化这一过程。

3. 课后：师生共同巩固和反思

在课后，师生要对课堂进行总结评价，其中包括学生自评、小组互评、学生互评、师生总结性评价。先是学生自己评价之前的训练和活动,然后小组之间互评。教师可以找几个典型的学生互相点评,也可以找一到两名学生作一个"summary(总结)",通过这种多元化的评价,既练习了学生的口语表达能力,又更深一步内化了所学的内容。

接下来,师生需要共同进行课后巩固和反思。课后的巩固和反思主要包括两个部分:一是教师针对课堂内容,布置课后学习任务进行反思,二是学生针对自己的薄弱环节再次自主学习。教师可以借助多媒体辅助教学软件设置与课堂内容相关的测试,及时检查、发现、反馈问题。

(三)高校英语翻转课堂教学模式实践应用

前文中,我们对高校英语翻转课堂教学模式的设计进行了简要介绍,下面,本书以《新视野大学英语视听说教程 2》Unit6 为例,具体介绍翻转课堂在高校英语听说课中的实际应用。

Unit6 的教学内容如下。

Listening Skills:listening for examples

Speaking Skills:expressing likes and dislikes

实战演练:让学生进一步熟悉核心情景,学以致用,在实际交际中演练实用技能,并最终具备在核心情景下进行有效交际的能力。

下面,我们将经过细致的教学环节设计与分析,验证高校英语听说翻转课堂教学模式的有效性,从而充分发挥翻转课堂在高校英语听说教学中的优势。

1.课前准备实践应用

(1)充分备课,精心设计

首先,备学生。对学生进行学情调查分析,包括对专业、需求、意愿等进行调查和分析,可以通过调查问卷、访谈等形式了解学生的学习习惯、学习方法和学习效果,寻找问题的根源,探索解决方法。

其次,备课程。明确线上学习目标、任务和要求,精确设计学习任务单,明确清晰地提出单元或主题的学习目标要求。所授 Unit6 的教学目标如下。

①掌握听力技巧:通过列举事例来理解和记住细节点,提升理解能力。

②学会用英语描述喜欢与厌恶的事物,掌握口语表达方式,增强沟通交流能力。

教师根据教学主题和目标设计相应的教学活动，如抢答、投票、测验、问卷、对话、主题讨论等，提前编辑保存，待课堂中随时发起。

最后，要备场景。多媒体教室、语音室或智慧教室不同于普通教室，合班教学和单班教学应采取不同的教学方法。教师课前精心选择或设计 3~15 分钟的教学视频或资料，通过网络对课堂进行重构，以知识点为串联，力求实现趣味性、针对性和时效性；提供附加的习题、问答、讨论等资源，最大的特点是体现教师和学生、学生和学生之间能够及时进行互动和交流。知识点以碎片化的形式放在线上供学生学习。

（2）目标导引，发布教学资源

教师建设课程页面，发布课程通知，将课程资料和学习资源发布给学生，并通过公告告知学生学习时间（一周）、学习内容（Unit6：Listening Skills & Speaking Skills）和知识掌握的程度（积累知识、能力目标、情感目标）等。在教学资源库中发布相应的资源到页面中，并对一些有难度的教学资源进行简要评述，方便学生更好地进行自主学习。

如 Unit6 的背景学习部分，教师在线上学习要求中要求学生回答关于 Yale University 的背景知识问题，提出问题："When was it founded? What was the position of the university? What subjects does it offer?" 教师可以让学生观看一段关于耶鲁大学的视频资料，将视听过程中的陌生词汇归纳讲解提前给学生，以有效地提升学生的视听理解能力。在此基础之上，学生浏览视听练习题目，做到心中有数，带着问题再去进行第二遍以至于第三遍的视听，势必会收到事半功倍的效果。

教师提前把与主题相关的问题或者调查等布置给学生，不仅锻炼了学生解决问题的能力，而且为下一步的面授课做了必要的准备。如课前可学习模拟真实情景的口语表达方式，选择的情景均是单元主题下的典型核心情景。核心情景的设置旨在帮助学生熟悉实际交际情景，习得典型的口语交际语言。实用技能精选情景仿真中核心情景设计的地道的口语表达方式，补充情景仿真中涉及的语言功能。部分单元中的实用技能还增加了单元主题下可能涉及的其他语言功能，为学生后期进行相关情景拓展练习提供准备。

（3）灵活督学，即时反馈

学生在线进行视频学习、课件学习并完成相关练习，学习资料包括对基础知识的讲读和理解，教师要逐步引导学生进行训练、实践和反思。根据个性化学习需要，学生灵活把握学习进度，快进或者反复回看课程视频。教师通过在线学习软件监测每个学生的学习时间、音视频等的学习情况，掌握学生的课前自主学习效果。教师跟踪采集数据，包括平台数据和平台外数据。学生进入平台的课程页面进行学习，教师通过学生前期课程数据了解学生的学习基础；通过学生借阅书籍数据，考查学生是否实现主动学习。课程"跟踪器"可以很方便地帮助教师了解学生的课前学习情况，教师通过"跟踪面板"实时监控学生的学习进度，清楚地了解学生观看了哪些视频，对哪些资源做了学习，回答问题的准确率等，及时调整课堂教学设计。

教师也可以制作少量测试题检测学生的学习效果。通过平台的自动阅卷功能，教师可以获取一份详细清晰的成绩报告，便于了解学生的课前学习情况。对于未读通知、未看教学视频、测验未做或错误率高的学生，实施督学预警，给予作业或考试提醒，采取当面、电话、短信、QQ或微信提醒，实现对学生课前学习的及时督促。教师根据平台反馈的学生课前学习情况，对学生在课前学习中好的方面进行表扬，并及时指出学习过程中存在的不足。用事实说话，根据学情统计和成绩报告，教师反馈学生的自学、测试、讨论和作业等。

研究表明，在知识点学习过程中立即给予反馈和矫正，要比隔段时间再给予矫正和反馈效果要好很多，让学生即时获得学习报告，得到及时反馈，有利于树立信心、保持行为、及时更正，对于保障学习效果有重要价值。

2. 课中活动实践应用

第一步，签到。在高校英语听说课上变换签到的方式，增强花式签到的仪式感，可用手势、图片、打卡、投票等。

第二步，答疑解惑。学生在碰到疑难问题时可以进行自主研究学习，也可以和教师、小组成员进行交流，寻求帮助，师生关系平等轻松，组内讨论热烈自由，组间成员相互接纳借鉴。比如，有些学生对自己专业课程的名称和专业知识的表达方式存在疑惑，可以在课堂上借助技术的强大功能跟教师和同学讨论精确的表达。例如，学生对首要客户服务（大客户、重要客户服务）存在疑惑，经过激烈讨论、查阅和教师的指导，最终确定为"premier dell service"。再如，在小组对话中罗列标准化工程的好处，大家各抒己见，使得观点鲜明、原因充分。

第三步，深度学习。教师是指导者、点拨者，要想方设法创设情景，让学生参与到情景中，与真实的生活相结合，启发学生在活动中有所收获，在体验中产生潜移默化的效果，可以组织小组讨论、课堂随机采访、组内调查等活动方式。例如，将本节课讨论的题目设定为："Do Chinese students also have to bear the four pressures which American students are suffering? Can Chinese students do what they like to do?"互动的方式可以多种多样，有抢答、问卷、随机选人等，答题后挑人互动和二次反馈，然后课堂随机分组讨论活动。

小组活动可以包含如下两部分内容：

第一部分：日积月累。学生分小组先在课前学习相关 PPT 及资料，了解语言和句型，在课堂上小组分享学习成果。

第二部分：课中活动。学生分小组先在课前学习相关话题的视频并编排相关对话，在课堂上各小组进行表演并总结出相关表达方式。"Listening Skills：listening for examples"部分，对主题"当你找工作的时候最重要的因素是什么"设计问卷调查，包括工作时间灵活、稳定、工作与生活的平衡、提升的空间、福利待遇、兴趣、老板等。"Speaking Skills：expressing likes and dislikes"部分，设计课堂随机采访或对话，了解学生的喜好。例如，我想为周五晚上的聚会选几首背景音乐，你喜欢什么类型的音乐？如果你是老板，你会怎么做来激励员工？

教师组织学生对小组讨论进行展示汇报，并和其他小组成员进行评论或质疑，让小组将观点修改完善后上传到作业展示页面中，方便其他学生浏览和评分。要求生生之间从 reporter 的呈现、内容细节、PPT 呈现等角度投票或打分，增进同伴间的了解与互动。

在翻转课堂上，学生按照既定组别和目标开展课堂讨论交流，挖掘知识点中深层次的问题，加深对课前学习中重点和难点的理解。这样不仅将综合思考和问题解决联系起来，要求学生自己找出问题的解决办法，而且让学生在合作中解决真实性强或与现实生活相类似的问题，使教学具有很强的现实意义。

第四步：评价与总结。教师可以设置启发性问题，例如，你喜欢用什么方式进行创业？原因是什么？激发学生的思维与潜能。结合线下线上混合式教学，教师可以进行学习效果检测，支持生成性教学策略。例如，对知识性内容，可进行测验；对探讨性内容，可进行讨论，即时反馈与评价。教师指导学生进行口语练习并对学生习得的知识进行及时总结、点评和纠正，达到学生获得及时反馈、更正错误、内化知识的教学效果。

3. 课后拓展实践应用

教师结合教学目标，有必要适当扩展口语话题的深度和广度，让学生对本节课的话题有更进一步的延伸和口语产出，让学生的听力输入和口语产出可以更好地结合起来。

本节课后，教师根据项目设计任务——"The Changing Women"，并提出任务要求。学生须将课下的学习成果带到课上进行交流实践，开放式的交际场景和任务形式利于学生在真实场景中进行模仿性和创造性的听说练习。

单元测试既是本单元学习效果的集中考查，也是学生深入学习的补充训练。根据教师的指导和建议，学生将进入拓展学习和高阶学习阶段。拓展学习的教学设计应通过延伸讨论、个别辅导、拓展学习三个活动展开。教师在深度挖掘和分析数据后，针对学生的个体差异、学习困难和问题，给予个性化精准答疑解惑和改进策略指导。针对学生学习需求提供个性化支持：对全体学生，检测学习情况，筛查学习存在的问题；对学习能力相对薄弱的学生，以小组为单位，进行高强度干预；对情感消极、学习落后的学生，进行高频度提醒干预、个性化鼓励支持。拓展训练将核心及相关情景置于更为灵活的任务形式下进行训练，让学生活学活用，适应不同的口语交际条件。

采用翻转课堂的形式时，教师要把传统课堂中的课后作业放在课内，开展进阶作业、协作探究、展示评价。课堂上学生进行协作探究、协作创作和展示活动实际上是在进行项目学习，展示、质疑、阐释的主题来自真实的情景，可以最大限度激发学习热情。教师用自己的智慧点燃学生的智慧，翻转课堂用有效的方式去激励学生，让学生可以发挥自主性，更好控制自我学习的节奏。这样的课堂更有深度和广度，更能帮助到学生，学生课上学到的是方法，得到的是能力的提升。

总的来说，我国高校英语教学领域中翻转课堂仍处于探索实践阶段，实施过程中难免会出现各种各样的问题和障碍，需要教师不断反思和总结来完善。教师可通过每周教研室会议集中讨论，互相借鉴，交流经验，吸取教训，去除不合理的教学环节，并提出改进和调整意见和建议。只有不断地反思和总结，才能实现高校英语翻转课堂教学模式的高效性和可行性。

二、"互联网+"时代的高校英语微课教学模式

（一）微课教学模式概述

1. 微课教学模式的内涵

从字面上来看，"微课"可以从三个层面加以阐释。首先，从"课"这一层面来看，微课是"课"的一种，是一种短小的教学活动。其次，从"课程"这一层面来看，微课是有计划、有目标、有内容、有资源的。最后，从"教学资源"这一层面来看，微课具有丰富的教学资源，如数字化学习资源包、在线教学视频等。

但是对其内涵进行挖掘，可以发现微课是一种具有单一目标、短小内容、良好结构、以微视频为载体的教学模式。微课的最初理念是通过正式或者非正式的学习方式，不断对短小、主题集中、与实践紧密结合的专业知识进行学习，从而提高学习效果，促进知识的内化。在这一理念基础上，我国学者对微课教学模式展开了重点研究，很多学者提出了自己独到的见解。

最早提出"微课"这一概念的学者是胡铁生，他通过借鉴慕课的定义，认为微课即微课程的简称，即以微型视频作为载体，根据某一学科的重难点等教学知识点与教学环节来设计一个情境化且支持多种学习方式的网络课程。[1] 之后，胡铁生又对这一观点进行了改进，认为微课是根据新课程标准及课堂教学的实际情况，以教学视频作为载体，对教师在课堂中针对某一知识点或教学环节而展开的精彩教学活动进行有机整合。[2]

郑小军、张霞则认为，微课不等同于课堂上的实录，而是从某个重难点出发创作的视频，即微课聚焦了重难点问题，并且将那些有干扰的信息排除掉。[3]

黎加厚认为，微课是时间在十分钟内，教学目标明确、内容短小，能够对某一问题集中说明的微小课程。[4]

焦建利认为，微课是以某一知识点为目标，其表现形式是短小精悍的在线视

---

[1] 胡铁生. 微课：区域教育信息资源发展的新趋势[J]. 电化教育研究，2011（10）：61-65.
[2] 胡铁生，黄明燕，李民. 我国微课发展的三个阶段及其启示[J]. 远程教育杂志，2013（4）：36—42.
[3] 郑小军，张霞. 微课的六点质疑及回应[J]. 现代远程教育研究，2014（2）：48-53.
[4] 黎加厚. 微课的含义与发展[J]. 中小学信息技术教育，2013（4）：10-12.

频，主要应用于教学和学习的一种在线教学视频。①

上述众多学者的概念是非常具有针对性的，并且在一定程度上将微课的特征反映出来。本书中笔者对于胡铁生的定义更为推崇，认为从本质上说，微课是一种支持教与学的微型课程。

2. 微课教学模式的特点

（1）主题突出、内容具体

每个课程的微课研究的主题只有一个，选择的主题要始终围绕着教育教学的具体实践，如突破教学难点、树立教育教学观点、制订学习策略、强调重点、探索教学方法等都可以作为研究的主题。

（2）基层研究、趣味创作

微课的课程具有极少的内容，所以对课程开发人员的要求不高，基本上任何人都可以成为课程开发人员。此外，从课程研究与开发的目的来看，是帮助学生和教师紧密联系教学目标、教学内容和教学手段来完成教学。因此，课程的内容对于教师而言，必须是其熟悉的、有趣的、可解的。

（3）资源容量较小

微课视频的容量相对较小，其容量（包含辅助性资源）一般仅有十几兆。它不仅可以支持网络在线播放，还可以下载并保存到终端设备中，以便于在手机上随时随地观看。因此，无论是教师在线观摩、评课，还是课后反思、研究都是极其方便的。

（4）教学内容较少

微课教学的主线为片段视频，对课堂教学过程中的某一学科知识点进行重点强调，而传统的课堂教学一节课需要完成的内容有很多并且比较复杂。相对来说，微课的内容就比较简单、准确、突出主题的速度快，更与教师的需求相适应。

（5）教学时间较短

微课的视频内容相对精确、简单，有着鲜明的主题。因此，其教学视频时间通常为5~8分钟，因此也可以称之为"课例片段""微课例"。

（6）教学方式不"碎片化"

虽然微课的视频时间短，每个课程只研究一个主题，没有复杂的课程体系、

---

① 焦建利. 微课及其应用与影响[J]. 中小学信息技术教育，2013（4）：13-14.

教学目标和教学对象,但是微课所针对的人群是教师和学生,且其传递的知识也具有系统性和全面性,因此它并不是"碎片化"的教学方式。

3. 微课的分类

(1)根据课堂教学主要环节(进程)

依据教学过程中的主要环节来看,微课可分为以下几类:课前的复习、新课的导入、知识的理解、巩固练习、拓展小结。与教育教学相关的其他类型的微课有:说课类、活动类、实践类、班会课类等。

(2)根据课堂教学方法

根据课堂教学方法,我们可以把微课初步划分为11个种类,如图3-4-1至图3-4-4所示。

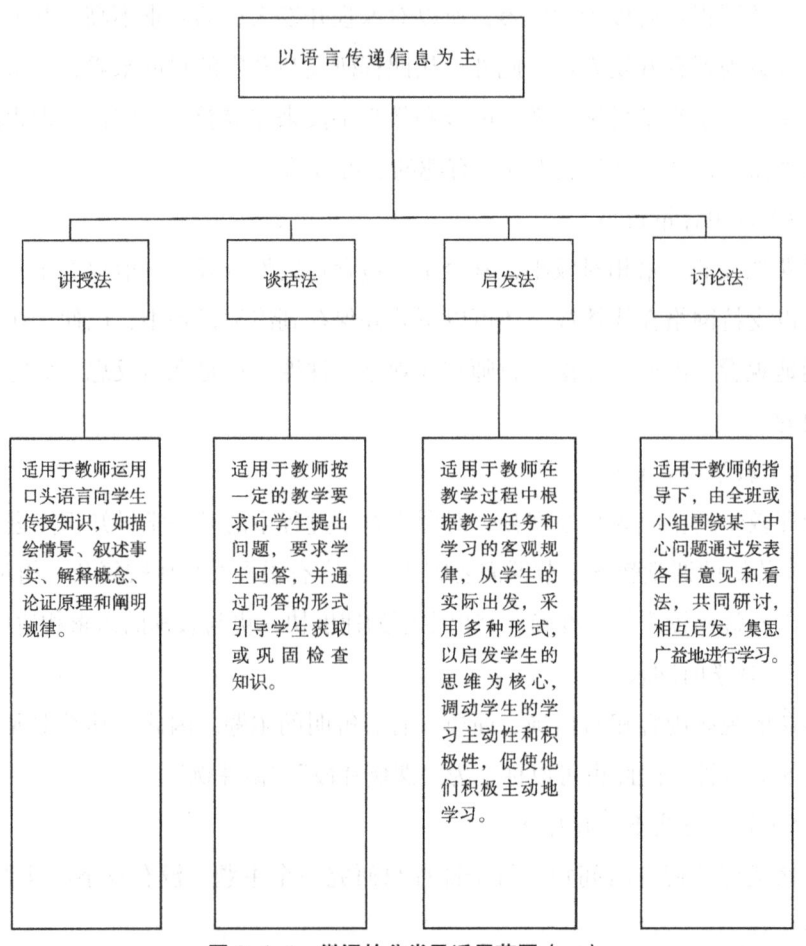

```
                    以语言传递信息为主
        ┌──────────┬──────────┼──────────┬──────────┐
      讲授法      谈话法                启发法      讨论法
```

讲授法	谈话法	启发法	讨论法
适用于教师运用口头语言向学生传授知识,如描绘情景、叙述事实、解释概念、论证原理和阐明规律。	适用于教师按一定的教学要求向学生提出问题,要求学生回答,并通过问答的形式引导学生获取或巩固检查知识。	适用于教师在教学过程中根据教学任务和学习的客观规律,从学生的实际出发,采用多种形式,以启发学生的思维为核心,调动学生的学习主动性和积极性,促使他们积极主动地学习。	适用于教师的指导下,由全班或小组围绕某一中心问题通过发表各自意见和看法,共同研讨,相互启发,集思广益地进行学习。

图3-4-1 微课的分类及适用范围(一)

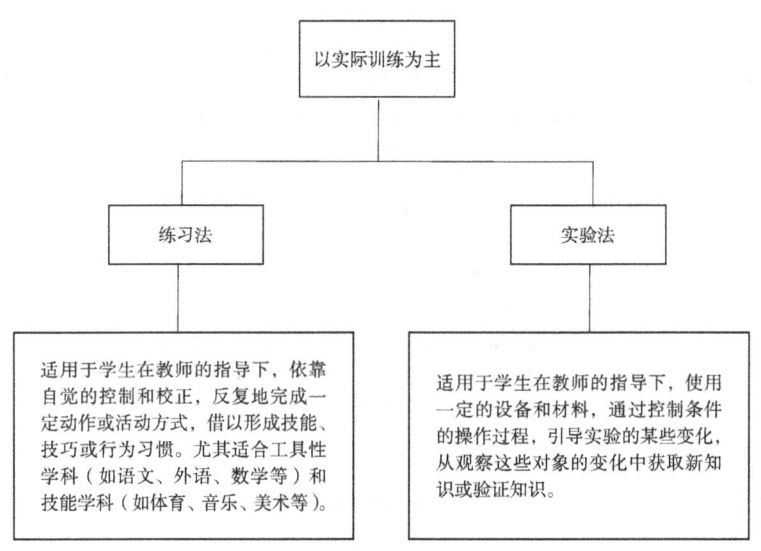

第三章 "互联网+"时代高校英语教学创新

```
              ┌─────────────────┐
              │ 以实际训练为主   │
              └────────┬────────┘
                 ┌─────┴─────┐
          ┌──────┴───┐   ┌───┴──────┐
          │  练习法  │   │  实验法  │
          └──────────┘   └──────────┘
```

练习法	实验法
适用于学生在教师的指导下,依靠自觉的控制和校正,反复地完成一定动作或活动方式,借以形成技能、技巧或行为习惯。尤其适合工具性学科(如语文、外语、数学等)和技能学科(如体育、音乐、美术等)。	适用于学生在教师的指导下,使用一定的设备和材料,通过控制条件的操作过程,引导实验的某些变化,从观察这些对象的变化中获取新知识或验证知识。

图 3-4-2 微课的分类及适用范围(二)

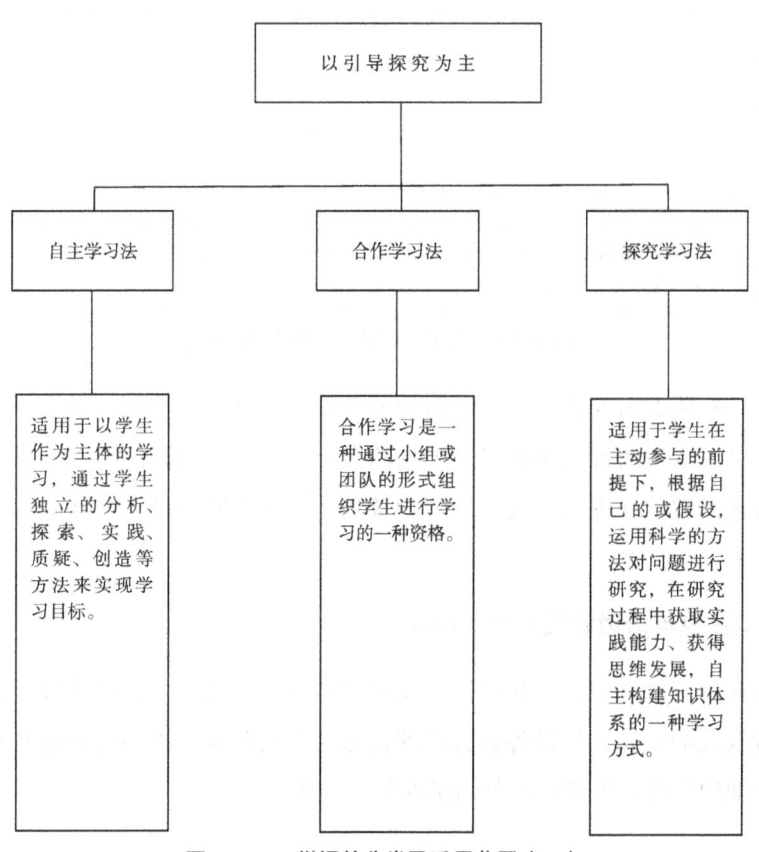

```
              ┌─────────────────┐
              │ 以引导探究为主   │
              └────────┬────────┘
          ┌────────────┼────────────┐
    ┌─────┴────┐ ┌─────┴────┐ ┌─────┴────┐
    │ 自主学习法│ │ 合作学习法│ │ 探究学习法│
    └──────────┘ └──────────┘ └──────────┘
```

自主学习法	合作学习法	探究学习法
适用于以学生作为主体的学习,通过学生独立的分析、探索、实践、质疑、创造等方法来实现学习目标。	合作学习是一种通过小组或团队的形式组织学生进行学习的一种资格。	适用于学生在主动参与的前提下,根据自己的或假设,运用科学的方法对问题进行研究,在研究过程中获取实践能力、获得思维发展,自主构建知识体系的一种学习方式。

图 3-4-3 微课的分类及适用范围(三)

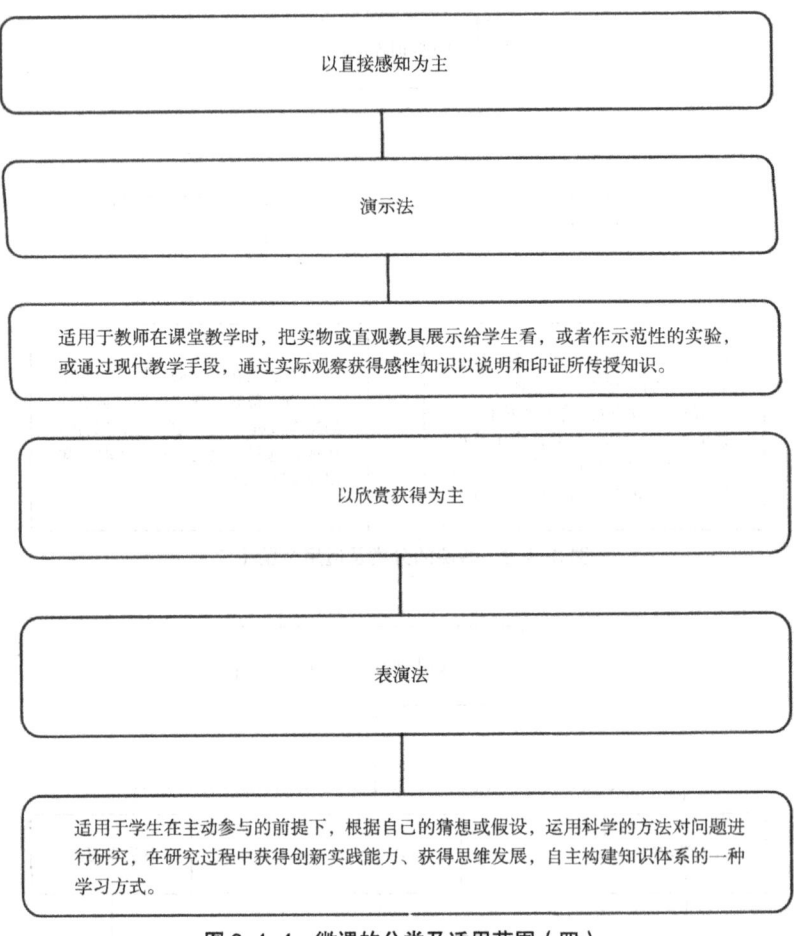

```
┌─────────────────────────┐
│      以直接感知为主      │
└─────────────────────────┘

┌─────────────────────────┐
│         演示法          │
└─────────────────────────┘

┌─────────────────────────────────────────────┐
│ 适用于教师在课堂教学时，把实物或直观教具展示给学生看，或者作示范性的实验，│
│ 或通过现代教学手段，通过实际观察获得感性知识以说明和印证所传授知识。│
└─────────────────────────────────────────────┘

┌─────────────────────────┐
│      以欣赏获得为主      │
└─────────────────────────┘

┌─────────────────────────┐
│         表演法          │
└─────────────────────────┘

┌─────────────────────────────────────────────┐
│ 适用于学生在主动参与的前提下，根据自己的猜想或假设，运用科学的方法对问题进│
│ 行研究，在研究过程中获得创新实践能力、获得思维发展，自主构建知识体系的一种│
│ 学习方式。                                  │
└─────────────────────────────────────────────┘
```

图 3-4-4　微课的分类及适用范围（四）

还有另外两点需要注意：①微课的分类标准不唯一。它可以对应一种类型的微类，也可以属于两种或两种以上类型的微类组合。②微课的类型不是固定不变的。随着现代教学理论的发展，教师的教学方法将不断创新，微课的类型将在教师的实践中不断完善。

（二）高校英语微课教学模式设计

当前在微课教学中，有几种模式设计是非常常见的。下面这几种模式的构成要素有着较大的差异，但是各有各自的特点与语用范围。本书将对这几种模式设计展开详细的论述，以供高校英语微课教学参考。

1. "非常 4+1" 微课教学模式设计

这种模式在教育部组织的全国高校微课教学比赛中被极力推崇与倡导，这一模式主要由五个要素组成，具体如图 3-4-5 所示。

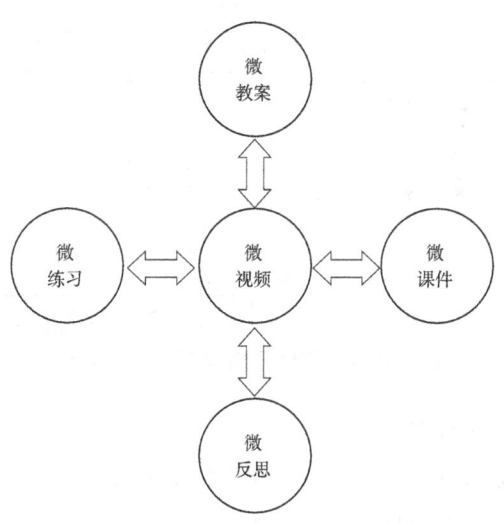

图 3-4-5 "非常 4+1" 微课教学模式设计

其中，"1"代表的是微视频，占据着最核心的地位，是核心的教学资源，其他四项包含微教案、微课件、微练习、微反思，是围绕这一核心建立起来的，并配合这一核心完成教学过程的构建。因此，"4"是指与微视频关系最为密切并与之配套的四种资源，即上面提到的微教案、微课件、微练习、微反思。这一模式的结构非常简单，但是适用性非常强大，对于那些独立的、内容简单的高校英语微课设计具有强大的借鉴意义。

2. 可汗学院微课教学模式设计

这一教学模式是非常独特的微课教学模式，其建设成本较高，但是适用面是非常广泛的，具体如图 3-4-6 所示。

在这一微课教学模式中，教学设计者、教师、学生三者之间相互促进，但是又是相对独立的。可汗学院主要将完成教学设计的工作作为主要目标，合作学校的教师应用可汗学院的微课视频和练习等作为自己的教学资源，组织学生展开自主学习。同时，组织学生在课内展开翻转课堂教学。

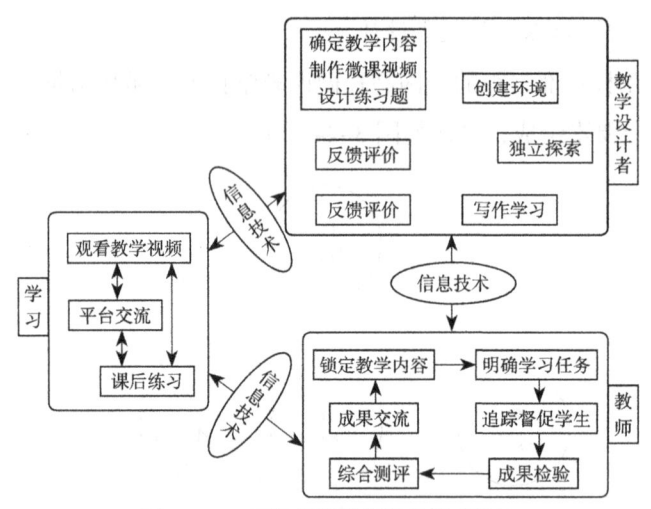

图 3-4-6　可汗学院微课教学模式设计

这一微课教学模式有如下几点特征。

第一，可汗学院本身并不存在翻转课堂教学模式。

第二，可汗学院与学校是独立的实体。

第三，可汗学院属于一种在线教育。

第四，可汗学院对于知识的传授非常看重。

第五，可汗学院的教学很难实现人才综合发展目标。

第六，可汗学院很难提升学生的综合能力。

3."111"微课教学模式设计

这一微课教学模式是指在每一集的微课设计中，注重把握好这三个"1"的教学环节，结构模式如图 3-4-7 所示。

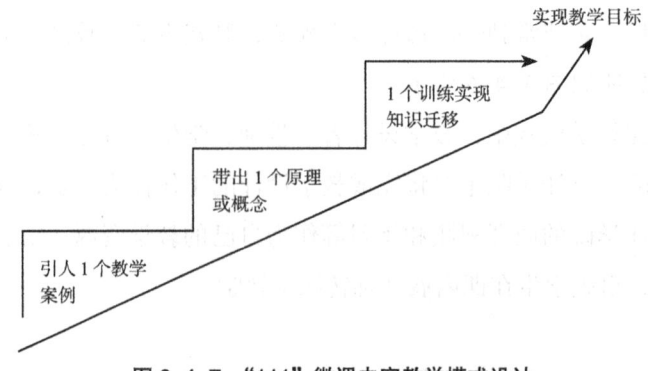

图 3-4-7　"111"微课内容教学模式设计

第一个"1"指的是用一个案例将教学情境引入，在教学中最好使用一些行业的适用案例进行导入，这样能够让学生明确学习的意义和价值，也能引起学生学习的兴趣和积极性。

第二个"1"指的是通过前面的导入，引出一个本集微课需要学习的知识点，通过导入案例，对知识的理解加以强化。导入案例与知识点的关系要保证是密切、自然的关系，如果是勉强地引出或者关联性不强，那么会导致结果不佳。

第三个"1"指的是微视频结束之后，利用一个总结、测试操作，实现知识的内化与迁移，从而保证学生能够形成自己的能力。教学案例应该确保知识点明确。三个"1"所包含的内容应该要环环紧扣，使学生能够自然地实现知识的内化。

4. "123"微课教学模式设计

"123"微课教学模式设计如图 3-4-8 所示。

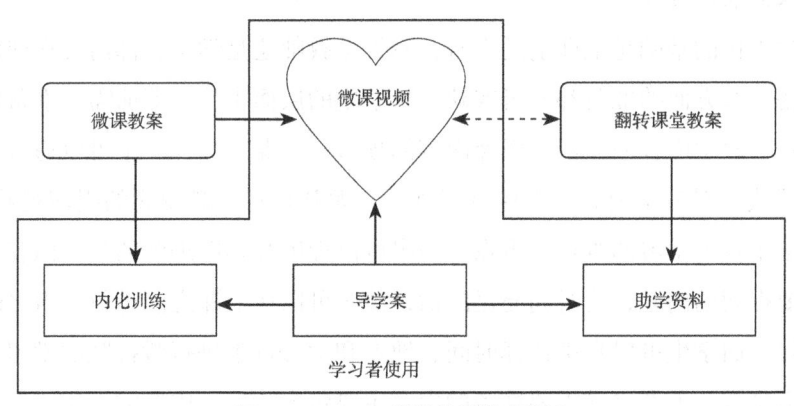

图 3-4-8　123 微课教学模式设计

这里的"1"指代教学活动应该以微课程为中心。一般情况下，一门微课程中包含 20~30 集微课，那么这 20~30 集微课视频就可以称为一组。这里的"2"指代教师根据两套教案，对微课程进行组织的教学活动。其中，以微课教案来组织微课视频设计，以翻转课堂教案组织具体的学习内容、课程结束之后学生的自主学习等。这里的"3"指代学生根据三组资料展开自主学习，从而提升学习的效果。其中导学案指导学生课前学习、课中学习与课后学习；助学资料指导学生创新与探索，解决学习中的疑难问题；内化训练包含微课平台中进阶式的训练与检测，还包含一些创新课题研究等，从而便于知识的内化与迁移。

这一教学模式具备如下三个特点：

①运行模式分别考虑教师和学生两大主体的活动内容和关联要求，使微课程教学运行有机统一，不会产生割裂。

②两个教案均以微课视频为核心且各有侧重点和目的性，构建了一个微课程的系统性、完整性教学方案。

③指导学生自主、有序和科学地进行学习的三组教学资料密切配合，使不同基础的学生都能得到相应的支持和帮助，减少因学习差距引起的恶性循环，促进全体学生基本上能同步提高学习成绩。

（三）高校英语微课教学模式实践应用

在此，我们以《演讲的艺术》第四单元"Selecting a Topic and a Purpose"为例，对英语微课教学模式实践应用进行分析。

1. 课前准备实践应用

教学工作的基础是上课前的准备，不管是教师还是学生，都需要在课前做相应的准备，两方面的准备都不可或缺。从学生的层面来看，课前需要准备的东西主要有：对教学内容的预习、微课内容的预习。上课之前，学生可以通过个人或分组的形式来对教学内容和微课进行预习，尤其是对于微视频的提前观看了解，可帮助学生找出学习的难点和重点，划出可以理解和难以理解的相关内容，提前准备好要提问的问题，若时间充足的话，甚至可以在上课之前进行小组之间的讨论和学习。而学生可以自由选择时间、地点和学习量来进行微视频的学习。从教师的层面来看，上课之前需要准备的内容主要包含：教学内容的设定、寻找与课程相关的微视频，还要制订出本单元的教学计划。另外，教师还要对学生的情况进行分析，要对学生的基础进行了解；根据既定的教学目标来设计教学内容，选择合适的教学方式。还有独自完成教学材料的制作，材料主要包含视频、文本、音频等。

教师可以先让学生预习第四单元第一部分内容"Selecting a topic"，并在学习通上发布相关知识点视频"Topic selection"，以及"Specific Purpose and Central Idea"知识点视频。

同时，教师要制订课时教学计划。包括课时1"Understand how to select a topic"；课时2"Topic selection for their public speaking"；课时3"Case Study"；课时4"Exercise for choosing a topic and a purpose"。

2.课中实施实践应用

教学过程中的核心在于课中实施,这就要求教师和学生在课堂上可以彼此配搭,从而使教学互动更加及时、有效。从学生的视角来看,进行课中实施的关键点在于教师讲完课后,学生要对微视频中提及的教学目标和教学内容进行深入的学习和讨论,并依据教学的需要以个人或小组的方式,进行口头汇报。

在进行课堂实施的时候,与翻转课堂有很大相似之处,往往通过小组的方式来开始讨论,在小组内部确认负责人,进行合理的分工,明晰小组负责人和成员的具体职责,捕捉汇总出微视频中的关键知识点,并与小组成员们取得及时、有效的沟通,尽可能地发散自己的思维,完成思维导图的绘制,之后就需要及时做口头汇报。与此同时,每个学习小组一定要把控好时间,尽可能在规定的时间内来完成各项任务。从教师的视角出发,课中实施的核心部分在于对教学课堂的设计与引导。

3.课后评价实践应用

教学工作的关键点之一是课后评价,涉及的对象主要有教师和学生。微课学习多以非正式学习为主,教师不是在课堂中使用微课,而是用学生的课余时间自主学习,教师很难做到及时评价,就像做作业无人批改,无法得知作业情况,那作业就业毫无意义了,相应地也就无法激发学生学习的兴趣。教学方式改变,其评价也应该发生改变。当前,微课缺少评价标准,导致教师制作的微课五花八门、良莠不齐。基于此,应升级评价体系,建立终结性评价与动态评价相统一的评价体系,引入师生互评、学生自评、学生互评等评价方案,使师生能够通过多角度了解自身的不足,以此实现自我发展。

三、"互联网+"时代的高校英语慕课教学模式

(一)慕课教学模式概述

1.慕课教学模式的内涵

慕课,即大型开放式网络课程(Massive Open Online Courses,简称MOOC)。它是一种在线课程开放模式,是基于以前那种发布资源、学习管理系统及学习管理系统与多种开放网络资源等课程模式而建立起来的。慕课主要是由具有分享与协作精神的个人组织的,他们将课程发布在互联网上,供有兴趣的学生学习,旨

在扩大知识传播。

2012年9月20日，维基百科将MOOC定义为"一种以开放访问和大规模参与为目的的在线课程"。MOOC字母所代表的含义如下：

M：massive，说明参加这种开放课程的人数众多。

O：open，说明课程带有开放性，凡是想学习的都可以加入。

O：online，说明这种课程的学习时间灵活。

C：courses，说明课程包含的种类众多。

2.慕课教学模式的分类

慕课教学模式主要可分为如下三类。

（1）基于内容的慕课教学模式

该模式主要强调学生对学习内容的掌握，往往通过形成性评价与总结性评价的形式对学生的学习结果展开评价（图3-4-9）。当然，这一课程开发模式同样也看重学习社区的建构与学生的参与，与课堂教学过程的网络化更加相似。该模式建立在名校教师录制的讲课视频及文本内容的基础上，同时还伴有网络化测试平台。学生可以免费注册与学习，在获得证书后会收取一定的费用。这类慕课课程开发模式吸引了大量的投资，受到很多人的关注。

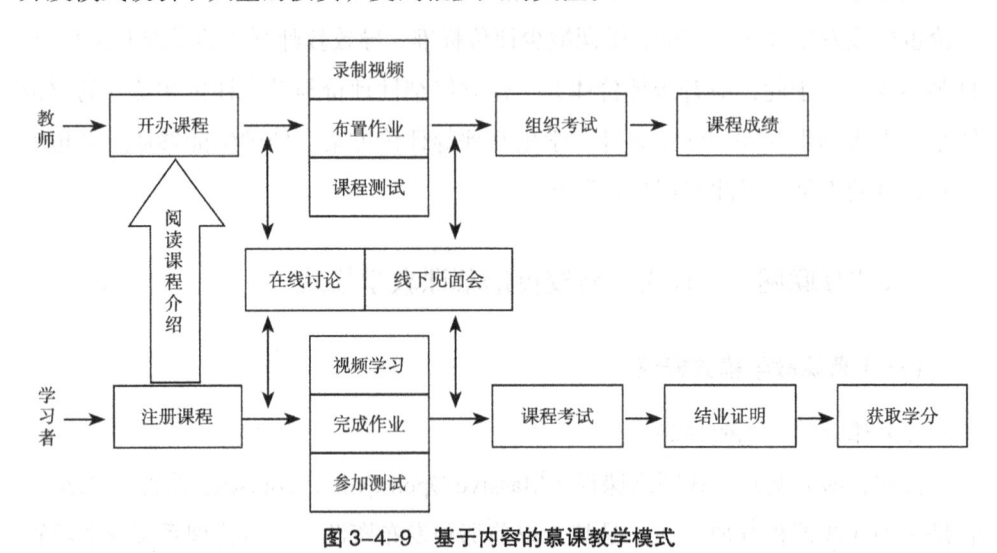

图3-4-9 基于内容的慕课教学模式

（2）基于网络的慕课教学模式

该教学模式是建立在网络基础上的，重在强调给予学生充分的学习自主性。

以网络为主的慕课课程中，学生可以自由决定是否参与如何参与，还可以自主决定利用何种技术来建立自己的学习空间与分享学习内容。该模式鼓励来自世界各地的学生利用自己所知道的软件来建立联系、分享学习内容、贡献学习成果、合作探究学习或者拓展自己的个人网络及专业网络。该课程模式比较复杂，允许学生建立自己的学习空间。

社会交互性是基于网络的慕课教学模式最为关注的重点。在该模式下，课程一般以周为学习单位，学生可以在每周内基于特定的主体进行学习，通过大量的互动与参与活动来获取知识，其中所有的学习过程都是开放式的。由于这种慕课模式没有明确的学习结果，因此在学习结束后也不会有十分正式的评价形式。

（3）基于任务的慕课教学模式

以完成任务为主的慕课教学模式，主要强调学生通过完成任务来获取知识和技能，学习是分步进行的，学生可以采取多种多样的学习方式进行学习，不受任何约束。学生可以通过自己阅读文本材料或者录制视频材料来共享学习成果，通过视频、音频、作品设计等手段来展示自己在某一方面的技能。这种以任务完成为主的慕课课程开发十分强调学习社区在学生学习过程中所起的重要作用，因为社区是展示学生学习案例与学习设计的地方，主要用来传递学习内容，对学生的学习结果不太重视，即不对学生进行评价（图 3-4-10）。

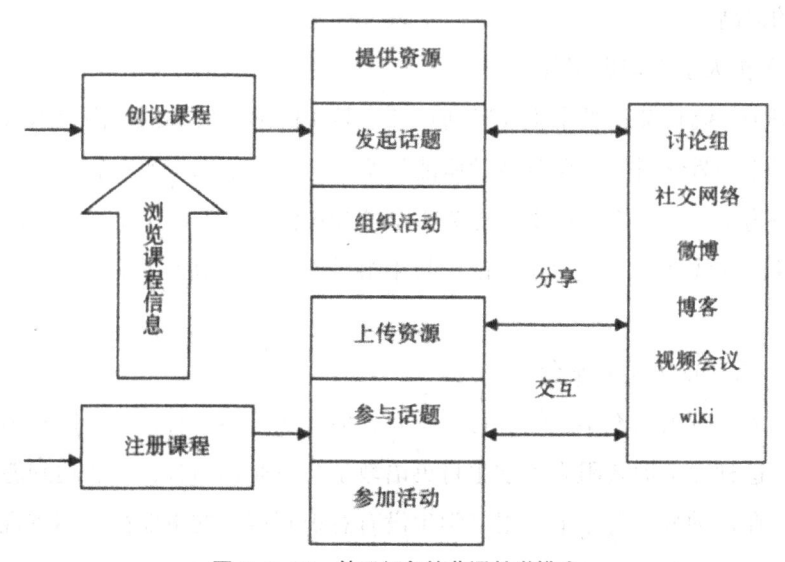

图 3-4-10 基于任务的慕课教学模式

通过上述分析不难发现，以上三种慕课教学模式存在以下共同特征：

第一，课程设计、组织、应用及评价都是建立在网络环境基础之上的。

第二，课程设计面向大多数学生，具有大规模性，并且学习目标具有多样性。

第三，课程内容在设计上都包括视频、课程资源、学习社区、师生互动及学习评价等部分。

第四，在交互学习过程中，课程的内容具有开放性及持续创新性。

第五，视频时长通常都保持在 8~15 分钟之内。

第六，学生在课程选择方面具有较大的自主性。

3. 高校英语应用慕课教学模式的优势

慕课教学模式在我国的兴起必然引发重大教学理念的革新、教学方式的变革，其对于英语教学的影响更为深远。下面结合高校英语教学的现状对慕课教学模式的优势进行总结。

（1）形成语言使用环境

语言使用环境匮乏，学生在英语课堂上所学到的英语知识不能在现实生活中进行应用，这在很大程度上降低了学生英语学习的成就感，对其日后语言能力的发展也十分不利。慕课的出现能为学生提供良好的英语学习环境，学生可以接触到全英文的语言知识，同时还能和来自世界不同国家的学生进行讨论，便于其口语能力的提高。

（2）扩大学生知识储备

在我国，高校英语教学主要是通过课堂教学的形式展开的，面对繁重的课业压力与紧张的教学时间，课堂教学所能带给学生的英语知识实在有限。而慕课教学以网络为平台，向学生提供了更为丰富的知识储备，方便学生及时更新自身知识。慕课的在线课程还包含在线论坛与小组讨论，极大地提高了学生的学习兴趣与效率。

（3）提供能力培养平台

我国的高校英语教学虽然进行了革新，但是从总体上看，还是以基本知识教学为主。这种教学形式阻碍了学生将英语教学与专业相结合，无法达到能力培养的目标。在这种教学背景下，很多学生没有意识到英语的重要性，不重视英语的学习，缺乏学习热情。而慕课的出现能够为学生提供最新的专业动向与发展评估，有利于激发学生学习英语的兴趣，促进其专业能力的发展，对于解决英语教学与专业教学相脱节的问题十分有效。

（4）平衡不同学生水平

于我国幅员辽阔，且各地的教学水平不同，学生的学习基础也高低不一。在统一的高校英语课堂上，教师无法进行一对一的针对性教学，只能从宏观上使英语教学向着高一层的层面发展。在这种教育现实下，很多学生跟不上教学进度，或者对于教学水平不满足。慕课通过开放性的网络平台，能够给学生提供具有针对性的教学，便于缓解教与学之间的矛盾。在线教育的形式不受时空限制，既有利于基础差的学生巩固练习，同时也有利于基础好的学生的能力发展。

（二）高校英语慕课教学模式总体应用

1. 课程设置多样化

对于目前的高校英语教学而言，慕课教学有助于改变传统教学课程设置单一的情况。

第一，从课程设置上来说，虽然各大高等院校都会有英语选修课，但是这些选修课大多是为了四级和六级考试准备的。

第二，从教材上来说，大多数高等院校所采用的教材主要有上海外语教育出版社出版的《大学英语》及《新世纪大学英语》、外语教学研究出版社出版的《新视野大学英语》等，并没有采用适合学生的专门教材。

第三，从师资上来说，传统的高校英语教学教师资源有限，所讲授的课程大多没有明确的针对性。

将慕课教学模式应用到高校英语选修课程中是时代发展的趋势。随着时代的发展，高校英语选修课程的指导思想向着分类指导、因材施教的方向发展。而"互联网+"的发展能够为高校英语选修课程提供不同层面和环节的支持。通过网络教学可以了解学生选修课程的偏好，利用大数据技术便可以做出学生的偏好分析，获得学生的需求数据，从而调整相应课程内容，满足学生的需要。基于此，在信息化时代下采用慕课教学模式可以大大吸引学生的注意力，根据学生自己的需要和兴趣来选择课程，从而提高自身英语学习的效率。

2. 上课方式多样化

虽然高校英语教学的改革在不断推进，上课形式也不再像以前那样单一，但是仍旧以教师的教授为主，只是利用多媒体形式而已，即多媒体就是黑板的延伸。但是在信息技术普及的时代下，慕课教学要求上课方式多元化，学生可以围坐在电脑前，也可以每人手拿平板电脑。

3. 传统课堂与慕课相结合

之前已经提到，慕课对高校英语教学有很大影响，其中有两点需要引起注意：一是对于当前的大学生而言，他们自学的水平存在明显的差异，因此要想让学生能够适应这种教学模式也需要很长一段时间。如果将所有学生都放在网上进行教学，那么本身自制力差的学生就很容易放弃英语学习，这也是我们不愿意看到的结果。二是由于需要对教师进行培训，以及准备与之配套的硬件设施，因此慕课教学还有很长的一段路要走。

总之，当前是一个新旧交替的阶段，教师扮演的角色至关重要，应从以下几个方面来提升教学效果。

第一，教师要了解学生的自主学习能力，不断培养学生的心理素质，使他们尽快适应信息技术时代下的慕课教学模式。

第二，教师应该充分了解学生的英语基础，保证慕课教学能够被大多数学生接受和理解。

第三，教师应该积极探索能够吸引学生兴趣的慕课课件。

（三）高校英语慕课教学模式实践应用

在此，本书对高校英语慕课的实例进行介绍，从而加深理解、提供参考。

1. "大学英语（口语）"慕课课程实例

慕课名称：大学英语（口语）

课程时长：10周

课程负载：1小时／周

内容类型：视频、随堂测验、讨论、文档、富文本

（1）课程概述

作为慕课课程——"大学英语（口语）"，主要是通过口语的技巧来作为带动前行的点，主要的内容就是话题，分别从横向和纵向两个视角来切入，来提高学员的英语口语表达能力和实际应用能力。

该视频课程一共分为20个单元，主要涵盖的主题有留学和生活，一共要授

课20个课时来完成。该课程主要讲述雅思考试中对于口语能力所定的标准及具体的训练方法,主要是包括三个阶段,即独立长短输出、基本日常对话、多人讨论辩论,循序渐进地培养学生的英语口语能力,不但可以提前为学生以后的考试做好相应的准备,同时也可以使他们的日常英语口语表达能力得以全面提高。

在课程结束时学生具备国际交流所需的基本英语口语能力,这是本课程的目标,主要包括以下几方面:首先,以一个话题为中心,在保证结构合理、组织清晰、自然衔接的基础上,学生可以随意发表自己的看法;其次,在讨论休闲话题时,学生通常可以进行日常对话,自然运用交际策略;最后,学生可以合理分析复杂情况,正确表达和支持自己的观点或反驳对方的观点,能够参与抽象话题的讨论与辩论。

该课程适用人群:"大学英语"已学完并渴望突破自己当前口语水平的学生;预备参与雅思考试和托福考试的大学生。

(2)预备知识

学生须对于初高中,以及大学的基础英语课程有过系统的学习,有着最为基础的英语词汇储备、语法的基础知识还有相应的语言能力。同时,还要对英语的语音知识有所了解,可以用英语进行最基本的生活对话。

(3)评分标准

该门课程成绩的构成如下:期末考试的成绩占比为60%。课程的单元作业占比35%,论坛的表现占比5%。100分为满分,其中及格分为60~79分,优秀分为80~100分。

课堂作业都属于主观题,需要学生提前准备一份个人的口语录音作为测评的依据,主要通过彼此评价的方式开展。在教师所布置的10次作业中,学生一定要完成6次以上的作业,否则他们将无法参加考试。而论坛表现出的是学生之间的互相交流,依照论坛所发起的活动,需要发表或回复10篇以上的帖子。

期末考试的题目都是主观题,依然要求学生准备个人的口语录音来测评,通过教师来进行评分。等到课程结束时,将会根据具体分数颁发"及格"证书或"优秀"证书。

2."大学英语自学课程(上)"慕课课程实例

慕课科目:大学英语自学课程(上)

课程时长：6周

课程负载：4~5小时／每周

内容类型：视频、文档、随堂测验、附文本、讨论

（1）课程概述

该课程主要包含六个不同主题的单元，每一个单元都会以主题为核心来展开，内容主要为两篇课文。把授课的视频分散为 n 多个小视频，引导学生更加系统、灵活、高效地学习英语。在每篇课文相关的视频中，都会对课文逐句地进行讲解、对单词进行拓展、对疑难语句进行解析汇总、对不同文化的对照进行鉴赏，还会有精彩动人的课文导入与点睛，帮助众多的学生以自学的方式来提升应用英语的综合能力，具体的学习流程包含：

Relax and take it slow.

学生将在教师的带领下对课文的主题进行熟悉，比如，可以尝试讲故事、聊经历、谈感受，从而让自己放松下来，使英语缓缓进入自己的世界与内心。

What's it all about?

对于课文内容，教师会逐句讲解，既会有英文，也会有翻译，还会有细致的讲解和一些单词的延伸拓展，另外还有风趣的点评。学生完全不用担心自己跟丢，因为课文读到哪句，哪句就会亮起；也不用担心记不住所学的，因为会有贴心的小测试对知识进行随时巩固。

Let's learn some new words.

通过富有趣味的例句和生动形象的美图，加之教师的分析讲解与习题巩固，学习更多新的单词。

Long senteces? Break them down!

教师将面面俱到地讲解句子成分，如主谓宾、定状补等，不会有丝毫缺漏。

Take a sip of culture.

教师将教授学生西方文化，以及中西文化之间的差异。

Let's wrap it up!

学生将在老师的带领下不断"征服"英语，实现自身进步。

（2）预备知识

学生要能听懂比较普遍的音视频资料，能看懂普通题材的全英文文章；基本

可以通过英语进行常见话题的交流，并能顺利完成初级的写作。

（3）评分标准

完成所有课程内容的学习，并把所学内容作为基础，实现最终成绩的组成：期末考试成绩占比60%，论坛表现占比40%。

100分为满分，及格分数为65~85分，优秀分数为85~100分。

所谓的论坛表现，指的是学生之间的互相交流的情况，根据论坛中的活跃度来计算，发帖和回帖的数量必须超过10篇。

期末考试都是主观题，对于学生的要求是必须完成书面作业，还要完成同伴之间的互相评估。

课程的学习结束以后，将会根据成绩颁发"及格"和"优秀"两种证书。

总的来说，高校英语慕课往往具备一整套独特的教学大纲与安排，每一课的学习都会有相应的主题，而课程内容主要包含视频、课件、练习，以及知识点的讲解和回顾等。在讲解视频的过程中，会通过实践作为穿插，各样练习结束之后，播放视频还会继续。而课程的学习结束以后，要及时完成辅助性的练习，并第一时间发布成绩。如果学生对于课程有什么不明白的地方，可以直接给教师发送帖子，也可以在社区里进行深入讨论。个别的课程结束之后，学生就要准备参加期末考试，依据分数的标准，所得分数达到合格的学生可获取由学校颁发的证书。透过上述不同大学所制作的慕课来看，高校英语慕课目前也存在着以下这些问题。

第一，模式过于单一。不难看出，以上大学所制作的高校英语慕课都是通过教师导入主题、知识点的讲解、反复的练习等模式来逐步推进的。整个视频有20分钟左右，以讲座式背景、座谈式背景或者活动式场景作为视频的背景。针对知识点的讲解则是通过PPT课件来展示理论性知识，同时还要结合教师口头所说的，表现出的形式较为简单，很难激发学生学习的兴趣。

第二，实施监管有难度。慕课在国内的受众极为广泛，目前国内比较知名的慕课网站有"学堂在线"和"中国大学慕课"。在学习慕课之前，学生根本不会针对自己是否满足学习的最低标准进行测试。而"零门槛"也使得学生在学习过程中很难保证学习效果，甚至还会造成资源流失。学生有着不同的水平，容易在督导学生学习方面出现问题。

第三，师生之间的互动缺乏实效性。学生在学习过程中遇到问题时，无法及时询问教师，致使他们只好把问题通过在线信息的方式进行标记，被动地等候教师的回复。正是学习过程中产生的时差逐渐削减着学生提问的积极性，学习的效果也会因此受到影响。此外，在互联网这个大平台上，师生在互动过程中不免会出现"异声"，甚至会导致无序。

高校英语慕课中的问题也会成为其他学科的问题，同样是各样新生事物发展历程中的必经阶段，亟须通过对它的改进和完善，结合当下创新教育的特点，从而迎来慕课真正的突破。

第四章 "互联网+"时代高校英语教学评价体系构建

本章为"互联网+"时代高校英语教学评价体系构建，重点阐述三部分内容，分别为英语教学评价概述、"互联网+"时代高校英语教学评价原则及"互联网+"时代高校英语教学评价方法。

第一节 英语教学评价概述

一、高校英语教学评价的功能

高校英语教学评价能够不断促进学生在学习过程中的成功与进步，从而使学生能够真正地认识自我，促进他们综合能力的发展。另外，高校英语教学评价能够为教师提供反馈信息，从而不断改进自己的教学情况，提升自身的教学水平。总体而言，高校英语教学评价有如下几点功能。

（一）导向与促进

高校英语教学评价应该有助于高校英语教学目标的实现。高校英语教学评价不仅需要评价学生对知识的掌握情况，还需要评价学生的学习态度、发展潜能等，只有通过综合性评价，学生才能在英语学习中保证积极的态度，从而形成有效的学习策略，并且具备跨文化的意识。高校英语教学评价应该为英语教学目标服务，这就要求学生应该从目标出发，对自己的学习计划加以制订，并不断检验自己的学习方法与学习成果，这样才能将自身的潜力挖掘出来，提升自身的学习效率。因此，高校英语教学评价对于学生来说有着积极的导向作用。

高校英语教学评价会对学生日常学习表现、学生学习中获得的成绩、学生学习的情感与态度等展开评价，通过对学生学习的激励，帮助学生对自己的学习过程加以调度，让他们逐渐获得自信心与成就感，培养学生之间的合作精神。为了让评价与教学过程有机融合，学校与教师应该采用宽松、开放的评价氛围来评价学习活动与效果，可以通过建立相应的档案袋等形式，对教师与学生进行鼓励，实现评价的多元化。

（二）诊断与鉴定

在教学过程中，高校往往会通过评价量表等对教师的教授情况、学生的学习情况展开检测，这样便于判断教师的教学情况和学生学习过程中有无偏差，从而找出出现问题的原因，加以改进与提高。

（三）反馈与调节

师生通过问卷访谈等评价方式，可以发现教与学中的优点与不足，对教与学过程中的得失进行评价。通过评价，教师以科学的方式反馈给学生，促进学生产生更为全面与客观的认识，为下一阶段的教与学规划内容与策略，有效地开展教与学活动。

（四）展示与激励

高校英语教学评价对学生的学习过程是非常关注的，让学生认识到自身学习中的成功之处，不断鼓励自己，获得更大的成功。当然，教师还需要适当地提点学生学习中的错误，让他们改正错误，从而更加勤奋地参与到英语学习中。这种正反鼓励方式，会不断提升学生学习的主动性与积极性。

二、传统高校英语教学评价概述

（一）传统高校英语教学评价方法

1. 考试

受历史、传统和认识上的局限性及各种社会因素的影响与制约，英语教学评价存在着重知识传授、轻能力培养的现象，将考试作为语言学习的终极目标，在教学中错误地强调应试能力的培养，用单一维度的、针对语言知识的考试代替多元的教学评价目的、评价策略和评价手段，测试等同于评价。一般来说，一学期举行两次考试，如期中考试、期末考试。评价结果以记分为形式，它的职能是仅仅作出成绩评价，它的主要功能是证明和选拔。虽然考试是教育教学评价的方法之一，但却不是唯一方法。如果将考试作为英语教学评价的唯一形式，就会造成许多负面影响。例如，这种考试评价制度以分数给学生分等排队，对学生的身心健康造成了严重伤害。

2. 教师评语

在传统的评价方法中，教师给学生写评语往往是在一学期结束时，教师根据学生期中、期末考试的成绩和平时的表现，在听说读写等方面给学生作出评价，包括学生英语学习的进展情况和学习态度、学习习惯和方法以及优点和缺点，并提出改进方法和希望，以帮助和鼓励学生在今后的英语成绩上取得更大的进步。

（二）传统高校英语教学评价存在的问题

1. 重选拔功能，轻学生身心发展

长期以来，人们错误地把考试作为评价教师教学效果和学生学习成绩的最主要的手段，把追求名次、争取高分数作为评价的目标，使得考试成了全部教育的"指挥棒"，给学生的身心发展带来了很多不利影响。

2. 重学习结果，轻学习过程

长期以来，英语教学评价在实施过程中多以终结性评价为主，形成性评价则较少。也就是说，在进行评价时只注重教学结果和学生学习结果评价，缺乏对学生学习过程和教师教学过程的评价。传统英语教学评价以考试为主，但这种评价只能了解学生在完成部分学习内容后而达到学习目标的情况，却不能了解学习过程中的情况。其是在学生英语学习告一段落时而进行的考试，是对最终结果作出的价值判断，即终结性评价。终结性评价在运用时不可能将所有的学习内容作为评价内容，只能选择具有代表性的学习内容作为评价内容，因此必然会出现考试和评价的片面性和偶然性。

3. 重学生认知发展，轻学生情感因素

长期以来，传统高校英语教学评价往往只注重学生认知的发展，即只重视评价与记忆、思维等与智力因素有关的内容，而忽视对非智力因素，如学习英语的兴趣、学习态度、学习习惯等情感因素的评价。而恰恰是这些因素与英语学习活动和学习效果有着十分密切的联系。因此，对英语学习进行评价时，不仅要测定学生达到评价标准的程度，同时要对各种非智力因素即情感因素进行综合、灵活的考查和分析。一般来说，对英语学习的兴趣、态度、习惯等情感因素多存在于形成性评价，即多在平时的教学中进行，这样教师就可以更好地了解学生学习英语的实况，同时有针对性地指导和改进学生的学习。

4. 重语言知识学习，轻学生能力培养

传统英语教与学中存在的一个突出问题是英语的教学效率与学习效率存在"少、慢、差、费"等问题。学生学习了近十年的英语，却很难用英语随意、流畅地交谈和写作，也很难听懂外国人说的地道英语。造成这种结果的主要原因之一就是英语课程评价的误导。因为在英语教学评价中，一般只进行笔试，学生死记硬背一些单词、短语，掌握一些语言知识等，缺乏对学生表演、口语交际等能力的评价，以致出现高分低能的现象。在英语知识和学习能力两者之间，英语学习能力的培养更为重要。因为学习能力是以英语语言知识的积累为基础，却又凭借它去获取新的语言知识。

5. 重教师评价，轻学生自评

以往的英语教学评价，往往偏重教师的评价，教师是评价主体，并且在评价活动中充当"检察官"的角色，评价是教师的"专利"，是教师"权威"地位的象征。在评价过程中，教师居高临下地点评学生，而学生虽然也作一些自我评价，却总是处于被动的甚至是被忽略的地位，无法形成教学的民主氛围，使学生学习的主动性和积极性受到严重伤害。

6. 重共性，轻个性

长期以来，英语课程评价是在统一的课程和教材的基础上，学校统一命题、统一答案、统一评分标准。评分的唯一依据就是标准答案。然而，人们对同一事物的认识、态度和感受是各不相同的。学生作为独立的个体也是各有特色的。因此，我们应重视学生的选择性和创造性，以及答案的开放性和多样性；应尊重学生的个性与个体发展，培养他们的创新精神。

7. 重量评，轻质评

定性评价和定量评价一般适用于不同的评价需要和不同的评价对象，其各有优缺点。然而，在英语教学评价中，人们通常只重视定量评价而忽略定性评价。尽管英语教学评价离不开定量评价，尤其是各种测试和考试，必须用定量评价。

因为它可以较准确地反映被评价者达到评价标准的程度，并且有利于评价结果的统计与分析。但是定性评价也是不容忽视的，因为有的评价内容不适合量化且没有必要进行量化，若对有些评价进行量化评价，会影响评价的信度和效度。

以上几点，有助于我们更清醒地认识到我国传统高校英语教学评价的弊端和不足。总的来说，传统的英语评价是一种量化的评价，是旁观者评价，片面注重认知、预定行为目标和课程执行结果，把教育活动拆分成各种数字组合，期望通过测量发现并解决课程领域的所有问题。

三、"互联网+"时代高校英语教学评价概述

（一）"互联网+"时代高校英语教学评价的含义

结合前文阐述内容，本书认为，"互联网+"时代高校英语教学评价指的是依托于互联网环境，以计算机网络技术为支撑，为了促进学生的学习，对于互联网教学相关的要素进行收集与分析，并根据一定的教学目标、教学评价标准，对所收集的信息进行科学评判的活动。

（二）"互联网+"时代高校英语教学评价的内容

"互联网+"时代高校英语教学评价的对象是与互联网英语教学相关的所有要素，将这些要素进行归类总结，就能得出其主要内容：学生评价、教师评价、课程评价和教学过程评价。

这四项内容之间既相互独立又相互联系、相互作用，对其中一个方面进行评价时就会从侧面反映出其他三个方面的情况。

1. 学生评价

学生是高校英语教学的主体和中心，对学生进行评价是高校英语评价的重要内容。

"互联网+"时代高校英语学生评价的内容主要可以划分为以下两个方面的内容。第一，对学习过程的评价，包括对学习策略、学习态度、学习动机、学习风格以及学习效果等的评价。第二，对学习结果的评价。

此外，根据教学背景，"互联网+"时代高校英语学生评价还需要对学生的计算机操作能力、网络信息获取能力与分析能力展开必要的分析。

2. 教师评价

互联网环境纷繁复杂，因此教师在"互联网+"时代高校英语教学中的作用愈加凸显。对教师进行评价，也成了"互联网+"时代高校英语教学的重要内容。

新的互联网环境给教师带来诸多新的挑战，教学中教师的角色也发生了相应的改变。教师不仅是知识的传授者，更是教学的组织者、学生的引导者与合作者。在"互联网+"时代，教师不仅要掌握一般的教学技能，更要具备熟练驾驭网络教学的能力。所以，对教师的评价不仅包含传统的评价内容，还包括计算机操作能力、对网络教学的组织能力、对网络教学方法的运用等。

3. 课程评价

课程的质量是影响和制约高校英语教学发展的关键因素，所以课程评价也是"互联网+"时代高校英语教学评价的重要内容。具体而言，英语教学课程评价主要包含两个方面的内容。

（1）对英语教学系统的评价

英语教学系统评价具体包括对教学系统的评价、对教学管理系统的评价、对资源库系统的评价、对支持与维护系统的评价。主要可以从三个方面进行：课程的界面、课程的兼容性和课程的产品质量。其中，课程的界面评价主要是对互联网课程的导航设置、导航功能及操作性进行评价。课程的兼容性评价主要是对互联网课程运行所需的环境与条件进行评价。课程的产品质量评价主要是对图形、文本、格式等进行评价。

（2）对英语教学设计的评价

具体而言，对英语教学设计的评价主要包括教学目标、课程说明、教学目标与教学内容的一致性、教学反馈的设计等。

4. 教学过程评价

教学过程直接影响教师授课效果和学生对知识的吸收效果，因此教学过程评价也是"互联网+"时代高校英语教学评价的重要内容。具体来说，对教学过程的评价主要是指对教学中所使用的教学方法及开展的相关教学活动的评价。

为了保障教学评价更加科学与有效，除了需要对上述教学评价的内容进行研究外，还要重视对"互联网+"时代高校英语教学评价标准、评价方法及元评价的研究。

其一，任何评价都需要一个科学的尺度作为判断的标准。"互联网+"时代高校英语教学评价标准设置得是否科学，对评价的结果有着直接的影响作用。

其二，"互联网+"时代高校英语教学评价与传统的高校英语教学评价有所区别，这种区别在评价方法上有着显著的体现。在后文中，本书将对"互联网+"时代高校英语教学评价方法进行详细阐述。

其三，简单来讲，元评价就是对评价本身的再评价。其评价结果可靠与否，直接受评价方法的恰当性和科学性的影响。元评价可对评价本身进行判断，对保障评价结果的真实性具有重要意义。

第二节 "互联网+"时代高校英语教学评价原则

原则是规律的反映，教学评价原则反映的是"互联网+"时代高校英语教学评价的规律。要想对"互联网+"时代高校英语教学评价有一个真正的把握，还需要掌握一定的教学评价原则。根据这些评价原则来选择评价手段和方法，才能与教学评价规律相符合，才能与教学规律相符合。

一、客观性原则

"互联网+"时代高校英语教学评价需要坚持客观性原则。教学评价的客观性原则是指评价中不能主观臆断，而应该实事求是，不能掺杂个人的感情。

在"互联网+"时代高校英语教学工作中，教学评价具有很强的科学性。一般来说，评价是否具有客观性往往对教学效果产生直接的影响。如果评价是客观的，那么就有助于促进教学目标的实现；如果评价是不客观的，那么教学就会远离预定的目标。因此，教学评价中必须坚持客观性原则，即要求教学评价要根据一定的教学目标来确定评价的标准，并结合多重因素，考虑该标准是否能够得到人们的认可。评价的标准确定之后，任何人不得更改，这就能较好地体现客观性原则。

二、差异性原则

差异性原则是"互联网+"时代高校英语教学评价实施的首要原则。受生活环境、家庭背景的影响，每一位学生都有自身的个体特征，即每一位学生都存在着自身的差异。另外，在学习过程中，学生的学习情况不同这也导致学生的发展存在很大差异。因此，针对这一情况，在进行教学评价时，需要遵循差异性原则。

在"互联网+"时代高校英语教学评价中，教师要对不同学生存在的差异性有一个基本的认可，并根据不同学生的水平和要求来制订不同的学习要求，在这一基础上建立一种和谐、平等、尊重、理解的师生关系，也有利于构建良好的课堂教学氛围。在这样的教学氛围中，学生才能积极地发表自己的观点和见解，在教师的鼓励下充分地发挥自己的个性。对于中等以上水平的学生而言，教师给予适当的指导即可，从而更好地促进学生的长远发展。对于中等水平及以下的学生来说，教师需要不断地对他们进行鼓励，灵活地运用各种教学手段调动学生的主动性与积极性，最终提高学生的学习能力。

三、导向性原则

教学评价是根据一定的教学目标制订的，其通过对比现状与目标之间的距离，能够促进被评对象不断与既定的目标相接近。因此，教学评价具有导向的功能。

"互联网+"时代高校英语教学评价并不是单一的评价问题，其评价目标也不仅仅是评优与鉴定，而是在此基础上引导教师更新观念，将新的观念在具体的教学过程中展现出来，激励教师在内心深处产生一种研究欲望。在对教学活动的评价上，教师需要充分调动教师和学生双方的积极性和主动性，力求为教学双方在教学活动中展现自身的潜质，构建出恰当的评价方法与体系。但是，在构建评价体系标准的过程中，发挥评价的导向原则是必然的，并将这一原则贯穿始终。

四、开放性原则

在"互联网+"时代高校英语教学中，开放性也是重要的特征。在"互联网+"时代高校英语课堂中，学生的心态、思维等处于开放状态，教师也需要将学生的思考、体验、领悟、探索等能力激发出来，因此对其评价也必然是开放的。开放性教学评价虽然遵循了教学评价的基本标准，但是并不是统一不变的。

五、发展性原则

发展性教学评价原则是根据发展性理念，提出一定的发展性目标和发展性的评价方法及技术，对教学过程中教与学的状态进行价值评判。与传统教学评价指标不同，发展性教学评价不仅注重教师的主导地位，还注重学生的主体地位。其中，对学生进行学习评价是发展性教学评价的核心。

在"互联网+"时代高校英语教学中，教师应该构建创造性、教育性、操作性、实践性的且以学生为主体的教学形式，让学生主动参与和思考，主动实践，以实现学生综合能力的发展。过程与方式、知识与技能、情感与价值观是发展性教学评价原则的重要内容。

六、针对性原则

教学评价要具有明确的针对性，其往往是针对教学中的具体问题进行的，这在"互联网+"时代高校英语教学评价中也是非常明显的。对于教师和学生而言，如果教学进行得非常顺利，师生之间也配合得更为默契，通过教学评价，可以帮助教师和学生总结经验，便于推广；如果教学进行得不顺利，出现了较多的问题，通过教学评价，可以帮助教师和学生解决教与学的问题，便于之后克服这些问题。

此外，如果教师改变了教学方法与手段，也需要进行教学评价，以确定该教学方法是否发挥了效果；如果学生积极性不高，也需要进行评价，以增添学生学习的自信心，活跃课堂气氛，扭转这一教学局面。

总之，"互联网+"时代高校英语教学评价具有极强的针对性，但是它针对的不是积累层面，而是过程层面；不是结论层面，而是诊断层面；不是总体层面，而是具体层面。

第三节 "互联网+"时代高校英语教学评价方法

一、电子档案袋英语教学评价

电子档案袋在英语教学评价中发挥着重要作用，是在纸质档案袋英语教学形式的基础上进行的线上英语教学评价形式，弥补了传统档案袋的不足。档案袋评价是基于实体化线下的纸质档案袋内容而进行操作的。电子档案袋英语教学评价结合了现代化信息技术，以电子档案的形式获取和监管评价的结果。

电子档案袋形式的英语教学评价在国外应用相对较为广泛和成熟，国内在其应用方面的研究相对滞缓。它具备个性、自制等功能，是以 Web 为主体的智慧系统。

电子档案袋应用于英语教学评价有着如下优势：

①电子档案袋以学生为主体对象，形成个性化的评价，电子档案袋英语教学评价在现下信息化技术支持下，具备高级表述方式和包容性的特点。

②电子档案袋英语教学评价有助于学生的自主提升和提高评价内容的创意度，且电子档案袋英语教学评价对英语教学的内容进行精准化，通过整合评价对象的个性与思维，从而对英语教学内容的价值评价产生实质帮助。

③电子档案袋英语教学评价具备多元化属性特征，能从更多的视角去进行英语教学评价。

④电子档案袋英语教学评价具有真实性和引导性，能促进学生群体思考判断并评价自己的英语学习过程。

⑤要更完善地应用好电子档案袋，必须要经过长时间的浸学，钻研其中奥妙，并且要消耗许多精力，才能将这种英语教学评价形式更好地应用到英语教学过程中。

我们可以借助学校网络平台，为电子档案英语教学评价制订统一的运行准则，更好地完善电子档案袋效用和功能。

二、PC 端网上英语教学评价

PC 端网上英语教学评价（图 4-3-1）实现了每位学生及时有效地对任课教师、班主任、教师教学态度、教学方式、教学质量等方面进行的客观评价，帮助学校对教学工作提供学生评价的依据，轻松掌握教师的教学动态和教学效果。

其支持设置个性化问卷题目，对评价结果按班级工作、学科组工作等不同视角来进行核算，是现下逐渐流行的英语教学评价形式。具备便利、容量大、高速反应等特点。

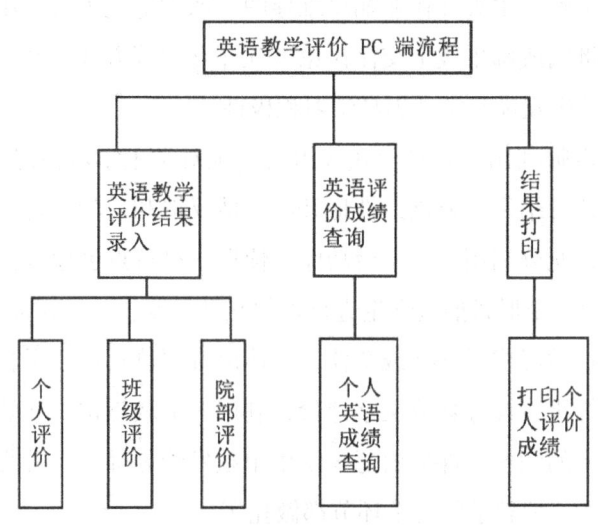

图 4-3-1 PC 端网上英语教学评价流程

相对于纸质版的英语教学评价，PC 端网上评教要更加灵活，在及时性和有效性这点上得到了发展，且在数据保存这方面绿色环保，问卷还可循环使用，大大提升了工作效率。

PC 端网上英语教学评价是"互联网＋教育"环境下，现代互联网技术与教学评价的一次融合，极大方便了师生的使用，也促进了教学评价方式的进一步改革。

三、在线英语教学评价

2020 年突如其来的疫情使全国各高校推迟了开学时间，各高校开始通过网上在线授课的形式进行教学，实现停课不停教，停课不停学。因此，高校应当切实履行教学管理职能，建立适应线上教学的管理机制，通过各种网络工具及时掌握学生的听课、学习情况和作业、练习反馈情况，做好各种课后的教学质量落实保障。

适当的作业不仅可以巩固和检验在线教学活动的成果，也可以有效地激发学生继续进行线上学习的信心。教师要根据网上教学和学科的特点，充分利用网络学习平台的各种功能和小程序，本着简单、高效、易操作的原则布置课后作业。客观性作业可采用小管家等平台自动批阅方式实现学生的自我评价，也可由学生自主评价、统一讲解。主观性作业如思维导图、课堂笔记等可利用平台，让学生拍照上传、教师批阅或师生线上交流讨论、互评互学等方式展开，发挥学生集体教育功能，促进学生互助互学并提高学习积极性。

英语课上，教师利用学习平台在线组卷系统对学生学习情况进行在线监测，掌握学生英语的评价结果，要创造性地开展学情反馈和教学评价，坚持全体与个体相结合的原则，充分利用学习平台功能，依据学科特点创建快捷方便的反馈方式，如课堂上采用连麦形式抽查学生进行视频互动答题；建立作业和"课堂小测"展示群，每天进行学习成果展评或全体、个体语音评价；利用平台涂鸦功能在作业图片上进行打等级、计分数或文字评价；利用线上教学留言功能，设计几个能反映学生学习效率的问题，课后由每个学生单独发给老师等。总之，网上教学要创新教学评价方法，把教学的每个环节都做扎实。

四、问卷星英语教学评价

"问卷星"是集调查、测评为一体的线上多功能平台，具有如下优势：轻松导入问卷、多渠道分发问卷、完美适配移动端、原始数据下载、自动生成图表等。

问卷星方便快捷，可十分钟搭建在线考试系统、深度结合微信考试场景、在线教学考试、培训考试、业务考试等不同领域的评价体系，具有如下功能：批量录入试题、控制考试时间、自定义成绩单、题库随机抽题、系统自动阅卷、成绩查询等。问卷星与英语教学评价相结合，是"互联网+"环境下对英语教学评价形式应用的变革发展。

使用问卷星进行英语教学评价，可在短时间内收集齐问卷，并对评价结果可进行实时查看，提升英语课的效率和质量。

五、应用手机App软件开展英语教学评价

在高效现代化信息建设的全覆盖，以及高校的学生实现人手一台智能手机的现实情况下，手机App得到广泛应用。利用手机App软件开展英语教学评价，是顺应信息时代，符合英语教学需求及学生身心需求的创新之举。

现代化信息高速发展时代，高校校园中使用手机App软件的频率也越来越高并且高效。各个高校在教学评价领域方面，手机App的使用率呈逐年上升趋势，

如苏州大学的"教学互动与评价App"，中国矿业大学的"教学评价"等。

每年的测验对于高校英语教师来说是一件很头疼的事情，其需要将成绩录入到excel表格中再导入教学平台，这一过程，工作十分烦琐，很可能出现难以避免的错误。通过手机App，教师直接使用手机记录学生成绩，之后在网站下载完整的成绩表格，直接导入教学平台即可，中间省略了笔记和电脑录入流程，不会出现因格式不对而无法导入的问题，使用起来非常的便捷。

通过手机App进行教学评价实现了随时随地进行操作，摆脱了地点和空间的限制，供教师和学生自主选择进行，使师生间的教学互动更为科学合理。对于课程的教学评价，学生可根据通知的具体要求，在手机App端完成自己的教学评价。

手机App与英语教学评价相结合，将会成为英语教师进行教学评价工作强有力的辅助工具。现代科技的融入，强化了高校英语教学评价形式的优势，其操作方法更是简单便捷。此外，因为手机App具有实时更新的功能，教师在后台了解本学期学生的学习情况，可以得出科学客观的评价，给出学生客观公正的成绩。

师生在手机App中相互评价，增进彼此感情的同时也提高了学生对英语学习的热情，提高英语教学质量。

第五章 "互联网+"时代高校英语教师职业发展

本章为"互联网+"时代高校英语教师职业发展，主要对高校英语教师职业发展概述、"互联网+"时代高校英语教师的角色与素质和"互联网+"时代高校英语教师职业发展路径进行分析。

第一节 高校英语教师职业发展概述

一、高校英语教师职业发展的定义

自20世纪80年代以来，教师职业发展的问题得到了学术界和教育实践界的高度重视。教师职业发展成为教师教育的一个核心问题。教师教育的质量和水平的高低直接影响着教育事业能否实现健康、持续的发展。

教师职业发展是教师在从事教育事业过程中，经过合作探究、职业教育培训及自我学习等方式，实现职业技能的提升。教师职业发展具体涵盖下述内容：一是新知识获取能力。二是胜任教育工作的实力与能力。三是顺应高校学术氛围的职业风范。四是教师的职业道德修养。

具体到高校英语教学领域，本书认为，高校英语教师职业发展，即英语教师在所从事的英语教育事业当中，通过合作探究、职业教育培训自我学习等方式，对英语教学技能进行不断提升，实现职业道德水平的不断提高。

在高校英语教师具体职业发展中，学校应给予相应项目、政策与措施帮扶，从而满足其个体发展需要。高校英语教师在职业发展当中应注重知识获取能力提升，可胜任教育工作，具备合格的职业道德修养及具备和高校学术氛围顺应的职业风范。

二、影响高校英语教师职业发展的因素

随着对教师专业化研究的深入,越来越多的人认识到影响教师职业发展的因素除了个人因素(认知能力、职业道德、人际交往等)外,还包括环境因素,如教育政策、学校管理与学校氛围等。下面,本书对这些因素展开分析和探讨。

(一)个人因素

1. 认知能力

从认知角度来分析,英语教学是一项非常复杂的认知活动,英语教师的认知能力是他们长期开展教学活动所积累的结果。

认知能力的发展有助于提升英语教师的教学效能。在英语教学过程中,如果一名教师的认知能力较强,那么他/她必然会灵活采用教学策略、运用教学技巧,从而激发学生参与教学活动的积极性。

2. 职业道德

对于高校英语教师而言,职业道德对他们有着至关重要的影响。

第一,职业道德是教师实现角色认同的基础和前提,如果一名教师不具备基本的职业道德,那么他们就没有资格担任教师这一重要角色。

第二,具备高尚职业道德的英语教师会在自己的工作中任劳任怨、勤勤恳恳,直至在教学中取得优秀的成果,引领学生步入一个新台阶。

第三,高校英语教师的专业化是在处理个人与他人、个人与集体的利益关系时不断发展的,而在这之中需要道德的参与,也就是说职业道德是英语教师进行职业交往、解决冲突的一项重要准则。

3. 人际交往

如前所述,高校英语教师的职业发展是在与他人的交往中逐渐发展的。也就是说,高校英语教师具备良好的人际交往,才能保持一份愉悦的心态与健康的心理,避免自身产生职业倦怠。

首先,英语教师要处理好与学生的关系,二者本身处于教学的主体,英语教师如果与学生建立良好的人际关系,有助于教师实现自身的意志、理想与情感的统一,这是英语教师职业发展的一项重要内容。

其次,高校英语教师还要处理好与同事之间的关系,英语教师之间通过合作,

可以不断提升自身的专业化水平，这是英语教师职业发展的必然要求。

4. 自我评价

在高校英语教师职业发展过程中，自我评价是必不可少的一项内容。

第一，自我评价有助于高校英语教师的角色内化，让英语教师对自己有清晰的了解，从而建构自己的教学内容，不断提升自我。简单来说，如果一名英语教师自我认识较高，那么他们会显得更为自信和成熟。

第二，自我评价有助于调动英语教师的内在动机，通过自我评价，英语教师的积极性、自觉性不断提升，可以增强自己的创新意识。

第三，英语教师的自我评价有助于提升自身的意识，英语教师通过自我评价有助于更深层次地认识自我，使自己不断思考、不断反省。

第四，自我评价可以促进英语教师把握人生价值选择，进行自我塑造。

5. 职业发展动机

英语教师的职业发展动机包含内部动机与外部动机。前者是指人们对某些活动感兴趣，并从活动中不断获得满足，活动本身成为人们从事该项活动的助力。内部动机反映出英语教师对教学工作的价值取向与主观需要，对英语教师的教学行为起着重要的刺激作用。后者是指由于压力诱发的助推力，其在英语教师的教学工作中也起到重要的引导与激励作用。

（二）环境因素

1. 教育政策

所谓教育政策，即国家和政府制订的，对教育领域的社会问题、利益关系进行调整的公共政策。一个国家的教育政策对教师职业发展有着宏观层面的影响，其为教师提供物质基础与保证，赋予教师基本的权利与义务，体现国家对教师的要求。首先，教育政策为英语教师的基本生活与工作提供物质保障，对教师的生存与发展产生直接影响。其次，教育政策为教育事业发展提供了重要规范与标准，对教师的职业发展提供了重要指导。最后，教育政策通过教师考核制度、奖惩制度等制度对教师的职业发展起着重要的激励作用。

2. 学校管理

学校管理是管理者在国家政策指导下，对学校内部情况进行管理，是对学校系统资源、人力资源、物力资源等进行的组织与规划、协调与控制、决策与指导的过程。学校管理者管理方式的不同，会对教师的职业发展起着不同的作用，因此学校管理者应该首先了解每位英语教师自身的需要，针对不同的需要及英语教师不同的发展阶段，采取恰当的管理措施，调动英语教师的积极性。

3. 学校氛围

学校氛围是在每一所学校内部形成的，对其成员的价值观念、道德规范等起着重要作用，是一所学校的精神风貌。其对于教师的专业化发展也起着潜移默化的作用，是教师专业成长的外部精神力量。良好的学校氛围为教师提供富有挑战性的工作机会，能够激励教师不断发展、持续成长。充分发挥教师的主动性和创造性，使教师为实现自我而努力。

三、"互联网+"时代高校英语教师职业发展所面临的挑战

我国高校英语教师职业发展虽然得到了一定程度的提升，但是面临英语教学改革的推进，他们的素质与能力已经很难适应当前经济发展对高素质英语人才的需求。因此，"互联网+"时代，高校英语教师职业发展面临着严峻的挑战。

（一）对高校英语教师角色定位挑战

高校传统的教学中，英语教师的角色定位是传道授业解惑者。教师是学生获取知识的唯一渠道，学生的知识都来源于教师的课上讲解和课下答疑。所以，传统英语教学中教师处于不可撼动的权威地位，学生则是处于被动接受知识的一方。但是，"互联网+"时代下，大量优质的学习资源出现在互联网平台上，学生可以在网络中获取到自己感兴趣的任何知识，英语教师不再是学生获取知识的唯一途径，英语教师的角色定位发生了一定改变。在日常的英语教学课堂中，学生不仅可以质疑英语教师所讲解的内容，同时也可以自主地对英语教师所讲解的课堂知识进行补充说明。所以，"互联网+"时代对高校英语教师的角色定位提出挑战，教师不再是权威者，而是成为知识的引导者，激发学生主动探究知识的新角色。

（二）对高校英语教师教学工作的挑战

在传统英语教学模式中，英语教师的授课形式往往是学生被动听课，教师主讲的形式。课堂互动局限于教师提问、学生回答的模式。但是，在"互联网+"时代，学生的学习资源逐渐的丰富，学习的渠道无限度拓展，在此形势下，高校

英语教学模式发生极大的转变，学生不再是接受者的角色，而成为知识的探索者，教学模式成为交流互动的形式。在英语课堂中，学生会根据自己在网络资源中所学习的知识与教师进行交流，教学任务不再单一的是传授知识，同时也具备解答疑问的功能，要能够扩大学生的专业视野。同时，在"互联网+"时代，计算机网络技术成了辅助高校英语教学的必要手段，慕课、微课、微信、自主学习平台等相继投入使用，如果教师继续沿用传统的教学方法，不及时更新、采用先进多样的教学手段，教学效果势必大打折扣，教学质量也难以提高，这将成为教学工作的一大挑战。

（三）对高校英语教师个人素质的挑战

其一，专业知识结构急需拓展。在信息技术飞速发展的今天，网络资源极大丰富，学生能够通过网络获得海量的专业知识，教师不再是学生获得知识的唯一来源，也不再是专业知识的专享者。教师的信息优势被打破，如不加强自身专业知识的深度学习，不了解学科前沿动态，就很难适应高校英语教学内容的更新和学生对英语专业知识的更高要求。而且由于传统高校英语教师所学专业的局限和学科背景的单一，知识结构大多囿于英语语言文学范围，在"互联网+"时代背景下面对来自不同学科背景的学生时，学科知识会显得狭窄，很难满足学生对自己所学专业相关英语知识的需求。

其二，信息技术素养亟待提高。21世纪，人类已全面向信息社会迈进，培养创新型人才需要信息化教学环境的支持。在传统的高校英语教学中，教师只是课程内容和教材设计的执行者、实施者，而在"互联网+"时代背景下，教师必须要逐步转变为教学内容的开发者、设计者，这样才能更好地利用网络辅助英语教学。因此，需要有熟练的电脑操作技术，熟悉各种教学软件、能制作精美的教学课件，同时还必须具有较强的网络管理能力，能利用微信等积极参与网络资源的建设和网络平台的管理。此外，还需要具备制作微课所需的相关技术，如视频音频录制、剪接、配音、合成等。因此，高校英语教师必须跟上时代的步伐，否则就会被信息时代和网络时代淘汰。

（四）对高校英语教师自身发展模式的挑战

传统的高校英语教师发展模式主要来源于学校组织的培训和专家的讲座。一方面，学校组织的培训更多的是关注教师的教学理念，注重教师的理论水平，而忽略了教师的专业知识结构，该类培训不能深入促进英语教师的专业化发展。另一方面，所谓专家讲座的培训往往是邀请某个专业的专家开展一次讲座，这类讲座通常是专业知识的碎片化传授，依然不能拓展教师的知识结构，同时讲座也不能完全满足教师个性化发展的需要。所以，在"互联网+"时代，高校英语教师自身发展模式亟须更新，这是其所面临的挑战之一。

四、"互联网+"时代高校英语教师职业发展的现实意义

世界在不断向前发展，"互联网+"时代需要大量的复合型、国际性、综合性的英语人才。而培养这类人才的重任就落在了英语教师的身上。英语教师只有不断提升自己、不断学习，才能保证知识足够、理念新鲜、方法灵活。

首先，英语教师身份的教、学、研三重性就决定着教师工作是十分复杂的。在教、学、研不断动态发展的过程中，教与学应该相长，用教学带动研究，以研究促进学习。另外，英语教师自身角色的三重性也要求教师应该树立正确的学习观，掌握科学的英语教学方法和策略，学习与时俱进的英语教学论，具备积极的科研功底与态度。英语教师教育具有动态发展的特点，同时还具有长期性，因此教师的专业化要求也是不断持续发展的，它会贯穿于教师的整个教育生涯。

其次，教师这一职业还具有社会性，它与社会的发展有着密切的关系。社会发展是日新月异的，科技在迅猛发展，社会上新理念、新思潮不断涌现出来，这也要求教师教育应不断发展。

最后，英语具有独特的学科特点，这就需要教师应该放眼世界，胸怀国家，从世界的视角来看待英语教学。尤其是当今的学生有着鲜明的发展性与时代性，教师以往的"一师一法"是行不通的，必须寻求进步与改变。上述这些方面都要求教师要扩大知识面、接受专业化教育、提高自身专业化素质与水平。总之，高校英语教师职业发展是必要的，应予以重视。

第二节 "互联网+"时代高校英语教师的角色与素质

一、"互联网+"时代高校英语教师的角色

"互联网+"时代下高校英语教学作为一种新兴的教学方式,有效促进了课堂教学效果的提高和教学目标的达成,实现了个性化学习,同时其对教师提出了新的要求,促进了教师角色的转变。

具体而言,在"互联网+"时代下高校英语教学中,高校英语教师的角色发生了显著的变化。英语教师角色让课堂更为有效、生动,教师发挥了更多的引导和协助的作用,学生提供了个性化学习感受和多样化学习方式,对英语课堂的顺利实施有着显著的促进作用。

在当今社会,教师扮演着十分重要的角色,他们以各种方式调动与引导学生参与活动,并引导学生在自己设定的环境中展开探索。

(一)教师的角色

1. 教育者

作为一名教育者,教师首先担当着教育人和培养人的责任与义务。为了实现这一目的,教师必须具备高度强烈的敬业精神及社会责任感,以身作则,身体力行,通过自己的行为去教育和感染学生,帮助学生树立良好的人格。

2. 工程师

作为一名工程师,教师担负着引导人、改善人、塑造人的任务。教育的目的就在于改善人的行为、净化人的灵魂。教师是人类行为和灵魂的工程师。作为工程师,教师在教书育人、对教育对象起到主导作用的过程中必须具有精湛的技术、渊博的知识,制造和设计出被社会认同的优质"产品"和优良品格。

3. 激励者

作为一名激励者,教师承担着鼓励和激发学生求知欲望的任务。兴趣是最好的老师,是推动学生学习的原始驱动,而求知欲望是学生成功的前提。教师教育的一项重要任务是通过开展教学活动来开启学生通往智慧的钥匙,激发学生对知识的渴望及兴趣,从而不断培养他们认识世界、改造世界的能力。

4. 艺术家

作为一名艺术家，教师在教学过程中还承担着传播美的角色，不断培养人的审美能力，提高他们鉴赏美的能力，使学生学会追求美，善于用眼睛观察和发现美，最终实现美的创造。

5. 指导者

作为一名指导者，教师在整个教学活动中起着重要的指导作用。通过运用科学的教学方法来引导学生学会学习，学会如何理解和掌握知识体系，如何培养自己的技能，如何从一个可知领域向着未知领域发展。

综上所述，英语教师首先充当着教育者、工程师、激励者、艺术家、指导者的角色。不论时代如何变化，学科有何不同，教师的本质特征是不变的，所以坚持这些共性特征是所有教师必须遵循的。

（二）高校英语教师的角色

作为一名英语学科的教师，除了要承担上述角色外，高校英语教师还扮演着特殊的角色。英语学科具有独特的学习方法和体系，高校英语教师在进行教学时需要从英语学科的具体特点出发，即教学中应该包含如何提高学生的英语运用能力，如何激发学生英语学习的兴趣和积极性，这就要求教师必须承担如下多重角色。

1. 英语语言知识的诠释者

教师是英语语言知识的诠释者，因此首先要具有渊博的英语语言知识储备。也就是说，高校英语教师必须对专业知识有一个系统地掌握，并能够系统地分析出各种英语语言现象。从教师教育的研究中不难发现，英语教师需要掌握的专业知识包含理论知识、形势知识、语境知识、实践知识等。这些知识不仅包含语言形式结构的知识，还包含语音知识、词汇知识、语法知识、语篇知识、社会文化知识等具体的语言使用的知识。高校英语教师只有掌握了这些知识，才能对语言材料、语言现象有一个清晰地剖析和阐述，才能解答学生学习中所遇到的问题，从而使学生能够恰当地理解并实现语言输出。

另外，语言技能的掌握和使用也离不开语言知识的积累。通过不同的语言形式，语言功能得以实现。不论教师采用何种教学策略，其必须要教授的教学内容就是英语语言系统知识及对这些知识的分析和输出。可见，教师是英语语言知识学习的诠释者和帮助者。

2. 英语语言技能的培训者

高校英语教师不仅是英语语言的诠释者和分析者，更是英语语言技能的培训者。在学生进行语言学习时，对语言知识的掌握是必要的前提条件和基础，而学习语言的目的是提高和发展自己的语言运用能力。

一般来说，语言技能包含听、说、读、写、译五项。从语言的发展规律上来看，听说位居第一，其次是读写译。但是，从英语教育的角度来说，读写译是居于第一，听说第二。这就说明，高校英语教育的目标是让学生具备一定的读写译能力，而听说能力是提升学生读写译能力的前提和基础。因此，在高校英语教学中，教师必须具备掌握语言技能的能力，这是一个全方位掌握的概念，是听、说、读、写、译的有机结合。如果不能掌握这些技能，教师就很难驾驭语言课程，也很难娴熟地组织语言教学活动，也无法完成提升学生语言技能的重要目标。

另外，还需要指出的是，教师还担任着英语语言训练合作者的身份。也就是说，并不是教师将任务布置给学生就可以了，还需要引导学生，参与到学生的活动中，让学生在教师的帮助下更得心应手，既学到了知识，也完成了任务，从而也提升了教师的教学效果。

3. 英语课堂活动的组织者

对于任何教学活动来说，课堂活动是必不可少的，这在高校英语课堂也不例外。高校英语课堂活动是高校课堂教学的载体，设计合理的英语教学活动有助于提升教学的质量。如前所述，英语是一门特殊的学科，有着特殊和明显的特征，因此在课堂上教师需要对英语技能进行培养和训练。英语课堂活动恰好是训练技能的一种有效方式。

但是就传统高校英语课堂来说，教师可用的教具只能是粉笔、黑板、幻灯片、投影仪、录音机等设备，这些设备携带并不方便。借助于这些教具，学生可以了解很多基础性的知识，对基本原理有了更直观地了解和接触，但并没有太多的机会参与到课堂中，仍旧扮演着被动者的角色。同时，英语训练需要语言环境的参与，但是在传统高校英语课堂中只能提供有限的教学环境，如辩论、对话、话剧表演等，学生缺乏真实的语言训练的机会，如远程对话交流、电影配音等。虽然教师发挥了活动组织者的身份，并且活动也大多都比较直观，但是这是远远不够的，很难加深学生对英语语言知识和技能的印象，也很难巩固自己的语言知识体系。

4. 英语教学方法的探求者

在高校英语教学中，教师不仅仅是固有教学方法的使用者，也承担着新型教学方法的探求者和开发者的角色。语言教学具有很强的实践性，其与教学方法关系密切，英语语言知识的分析、语言技能的掌握、课堂活动的组织等都离不开科学的教学方法。

英语语言教学的方法有很多种，如语法翻译法、听说法、交际法、情境法、任务法、自主学习法等。这些方法都存在某些优点，也存在着某些缺点。因此，任何一种教学方法都不是万能的，高校英语教师需要将各种教学方法综合起来组织和实施教学，以便获得更好的教学效果。就当前的高校英语教学来说，已经从传统的以教师为中心转向了以学生为中心，强调学生的地位，这也有助于实现教师和学生的双向互动。

5. 语言文化差异的解释者

高校英语教师还充当着中西方语言文化差异的解释者的角色。我国与西方国家的文化背景、文化传统不同，价值观念和思维方式也存在明显差异。文化差异逐渐成为中西方跨文化交际的障碍。

从社会文化角度来说，语言是一种应用系统，具备独特的规范和规则，是文化要素中不可或缺的一部分。在英语教学与学习中，除了要教授英语语言知识和技能外，还需要教授文化背景知识，三者是相互促进、相互弥补的关系。

只学习语言材料，不了解文化背景，犹如只抓住了外壳而不领悟其精神。文化背景知识是理解过程中意义赖以产生的主要因素之一。因此，学习语言就是学习文化。在语言文化知识的内容上，除了要讲解本土文化知识，还需要讲解英语民族的文化知识。中西方语言文化的差异性主要体现在社会制度、风俗习惯、思维方式及道德价值上，其在语言的词汇、篇章、结构、言语行为中都能够体现出来。

作为中西方语言文化差异的解释者，英语教师要熟知和了解中西方的语言文化及差异性，他们需要大量阅读中英文资料、观看中英文电影，积累足够的能够表现中西文化差异的素材是非常必要的。另外需要指出的是，在充当中西方语言文化差异的解释者的过程中，教师需要保持一种中立的态度，文化没有好与坏，在选取素材上也尽量选取那些不会伤害任何文化的素材，这样有助于更好地引导学生对中西方语言文化有一个清晰的认知。

6. 英语语言环境的创设者

根据二语习得理论，语言环境对于语言学习有着至关重要的作用，尤其是在缺乏真实语言环境的教学中更是如此。通过创设真实的语言环境，教师可以将新旧知识联系起来，使学生了解中西方的文化传统习俗，接受原汁原味的中西方文化的感染和熏陶。这比学生单独学习词汇、单独学习句子等成效显著得多。

英语语言环境的创设不仅在课堂教学中展开，在课外也应积极创设。在课堂上，教师可以利用网络多媒体技术呈现与文化背景有关的资料和信息，让学生了解与西方社会文化资源接近的各类文化资源和语言环境。在课外，教师可充分利用网络教学平台、英语学习语料库开列书目、布置任务，引导学生大量阅读英语报纸杂志、书籍，使学生能始终置身于英语学习的环境中，不断提高其英语水平。

7. 英语教学测试的评价者

如前所述，教学评价是高校英语教学的一个重要环节。对高校英语教学进行科学、全面、客观、准确的评估对于教学目标的实现是非常重要的。教学评价既是教师获取教学反馈、改进教学管理、保证教学质量的一个重要依据，也是学生改进学习方法、调整学习策略的一个有效手段。在还未利用网络技术、网络资源之前，教学质量的评价往往只通过作业、试卷完成。教师通过批阅学生的作业了解学生对知识点的掌握情况，这是必不可少的。但是需要注意的是，任何事情都具有两面性，当批改完成后，教师往往没有多余的精力去总结学生的完成情况，或者去分析其中存在的问题。

8. 英语语言教学的研究者

高校英语教师除了担任语言教学任务外，还承担着研究者的任务。他们在掌握语言教学理论与性质规律的基础上，逐渐构建自己的教学理念，并运用这一理念去指导实践活动，达到良好的教学效果。因此，高校英语教师在英语语言教学实践中，必须进行英语语言教学的理论研究，将教学研究与课堂教学实践相结合，从而实现理论到实践的转变，再到理论的升华。

（三）"互联网+"时代高校英语教师的角色定位

在"互联网+"时代，高校英语教师的职责并没有削弱，反而面临着更艰巨的挑战，因为这一全新的模式对高校英语教师提出了更高层次的要求。高校英语教师必须学会运用先进的教学手段和教学模式，改变传统的教学理念和模式，这样才能适应当前教育的需求。在具体的定位上，教师除了具备上述角色外，还担任如下几种特殊的角色。

1. 网络活动中的"管理员"

在"互联网+"时代高校英语教学中，教师具有网络管理员的身份，因此教师要帮助学生建立他们自己的学习网络，并提供适当的帮助及意见，辅助学生评估他们通过管道所找到的信息是否适合作为学习资源。

教师积极引导和有效地管理有助于学生形成有效的自主学习网络，进而更好地管理自主学习网络并能够关注学生的学习过程。在某种意义上，教师是学生学习生态网中流动的结点，哪里需要就在哪里出现，蛰伏不动的监管已经无法跟上动态学习的步伐。

关注学生学习过程中所摄入信息的质与量是否适合是一项长期的工作，学生的学习动机和学习状态并非一成不变，教师不仅仅要关注学习生态网络中学习信息的内容，还要时刻留意学生的心理变化，这对教师承担管理者的角色又提出了新的要求，教师不仅是学业的管理者，更要成为一名可以使学生信赖的、能够基本掌握青少年心理发展的心理指导者。

2. 学生网络学习的引导者

引导者顾名思义，意在引导，引导学生发掘、过滤、筛选学习信息，带学生穿行于"互联网+"时代错综复杂的学习生态网络。特别是在学生自主学习意识形成的初期，自主规划、自主调控、自主督导、自主评估的学习能力较弱，教师的引导者角色尤其重要。

作为引导者，教师应以课堂为基础，向课外辐射，让学生从意识到行动循序渐进掌握自主思辨能力及自主学习的基本技能，在网络学习中不失去方向。教师在某种意义上就是学生学习中的方向标，给予方向，却不限制路线。引导者也应引导学生找到合适的学习渠道，如若发现有个别学生面对庞大的数据资源及其他各类自学资料无所适从的时候，教师在给予充足自我探索时间后，应积极干预，及时充当"引路人"的角色。

教师还应指出学生自己可能无法发现的学习途径，有时候是通过传统讲座，有时可通过课下或网络交流平台分享,有时候可以允许学生自己去摸索途径,而教师从旁指导。引导的过程不是一蹴而就的,也绝对不会一帆风顺,教师应有宏观与微观调控的意识,把握课程主线及教学目标的同时,不能忘记个体差异及阶段的划分,才能让学生在网络学习中看清方向,有效学习。

"互联网+"时代的高校英语教学的一个重要特色就是其具有网络监控作用。通过网络监控学习,教师能够了解学生的学习过程,帮助学生实现自己的需要。教师是学生网络学习的引导者,尤其是后进生的引导者。教师通过学生对网页等的浏览进行记录,了解学生的参与情况和次数,帮助他们解决学习中的困难,以及实际中的问题。

但是,学生出现的问题不同,教师应该根据不同的学生给予不同的指导和辅助,促进学生得到不同层次的提升和进步。可见,教师对学生网络学习的引导更具有人情化,避免了学生出现畏惧心理,并能够快速地解决问题,完成自主学习。

3. 语言单元任务的设计者

单元主题目标往往需要设计单元任务,学生通过对真实任务的探索及对英语语言的操练,既能够扩宽自己的知识面,又能够提升自己解决问题的能力。因此,语言单元训练任务是语言学习的一个重要项目,这就要求教师在网上设计相应的能够提升学生基本技能的任务,让学生在规定的时间内完成任务,并且提交后查看结果,平台立即给予学生分数。学生以这种方式完成一系列的任务,有助于降低压迫感与挫败感,他们也愿意参与到任务中。

语言单元训练任务的完成是学生解决问题、实现教学目标任务的前提,他们只有掌握了必备的语言素材,才能对相关的语言材料进行操练和应用。

4. 主题教学模式的设计者

在"互联网+"时代,高校英语教学要求教师设计和探讨新的教学方法和教学模式,既要将网络多媒体的优势发挥出来,又要提升学生的学习效率。高校英语教师设计的主题教学模式应该是学生感兴趣的热点话题,如校园生活、学业压力、人际关系、就业、考研、钦佩的人、难忘的事、旅游、海淘等。整个主题教学模式是围绕某一主题进行的,让小组进行关于主题的分散讨论,最后以主题写作形式结束单元主题的教学。

当教师通过网络与学生进行讨论时,要对教学的内容、网上的资源进行合理安排。一般来说，讲评和讨论可以在课堂上进行，而阅读和写作可以在网络上进行。

在多媒体环境下，教学中设计的每一个主题都可以在网上找到丰富的资料，包括其涉及的文化背景知识和发展动态，都可以由学生自己进行整理总结，得出自己的结论，然后再与其他学生展开讨论，这样就可以不再局限于课本对学生的束缚。

5. 在线学习系统的建立者

网络技术为学生的高校英语学习提供了便利条件，调控学生的学习、提供个别的指导是教师的主要任务，但是首先要做的就是建立一个完善的在线学习系统。这一系统不仅要包含教师端，还包含学生端。学生端首先需要填写自己的信息，然后按照班级向教师提出申请，进而加入这一在线学习系统中。教师对学生端进行审核，确定无误后允许学生加入该系统中。

根据导航指示，学生获取相关资料或者下载下来。例如，在线学习系统包含"单元测试"与"家庭作业"等子项目，学生在"单元测试"中进行训练和测试，在"家庭作业"中提交自己的作文。之后，学生可以通过"师生论坛"或者 E-mail 的形式与教师或者其他学生进行讨论，参与网上的交互。

不难发现，在线学习系统是课堂教学的延伸。通过系统的处理和记录，教师可以将学生的记录进行比较综合，从而迅速、直观地了解学生的学习状况。

6. 交互机制实施的促进者

单纯的语言输入并不能保证语言的习得，而交互活动是语言习得的关键，其中交互活动包含意义协商和语言输出。网络多媒体为高校英语学习的交互提供了大大的便利。作为交互学习的促进者，教师应该组织指导和激发学生参与到主题单元的交互活动中。

例如，利用 BBS 发布教学内容，给学生布置学习任务，为学生分析解决问题提供指导；利用 QQ 群或者讨论组与学生进行交流等。这些网络交互活动具有即时性，也具有延时性，但是在整个活动中教师都是促进者的身份，与学生进行平等的讨论，并给予恰当的意见。

7. 数据搜集整理的分析者

2013 年后，信息技术发展到大数据阶段。随着使用大规模的在线公开课程，学生可以免费获取大量的名校课程，学生进行学习的途径有更多的选择，这就给高校英语教师提出了更高的要求。数字教育平台的建立，使得各门课程的学生有很多，网络信息库的资源被迅速捕捉出来。通过对学生的海量信息进行收集和挖掘，教师可以更准确地把握学生的特征及学生学习的效果，并对学生下一步的学习形式和内容进行预测，真正地实现因材施教。

作为大数据的搜集挖掘者和分析者，高校英语教师必须把握大数据分析的技巧和方法，其中包含模型预测、机器学习、比较优化、可视化等方法。

二、"互联网+"时代高校英语教师的素质

（一）教师的素质

从心理学上说，素质是人们与生俱来的神经系统、感知器官的某些特征，尤其指的是大脑结构与技能上的某些特征，并认为素质是人们心理活动产生与发展的前提与基础。

总的来说，教师素质是教师能够顺利完成教学任务、培养人才所必须具备的品质，且是身心相对稳定的基本品质。我们也可以将理论与实践紧密结合，将教师素质界定为：在教学活动中，教师表现出来的、对教学效果起决定作用的、对学生身心发展产生直接影响的心理品质的集合。

本书所说的教师素质主要侧重于教师的职业素质，具体指教师为了与教师职业要求相符所必须具备的基本能力与品质。其中包含教师的道德素质、文化素质、思想素质、能力素质、科研素质等。

（二）高校英语教师的素质

从当前高校英语教师的基本情况考量，高校英语教师素质的内涵可以涉及如下几个层面。

1. 职业理想

教师的职业理想是教师从事教学工作的兴趣与动机的体现，是其献身于教学工作的原动力。在高校英语教学中，教师的职业理想表现为积极性、事业心、责任感，高校英语教师具备的崇高的职业理想，是他们开展高校英语教学活动的基础。

2. 知识水平

教师所具备的知识水平是教师开展教学工作的前提。从功能角度出发，教师的知识结构可被划分为四大部分：本体性知识、文化知识、实践知识、条件性知识。

教师的本体性知识是教师特有的知识，如英语语言知识，这是为人们普遍知晓的。一个人最佳的知识结构就是自己所从事职业的知识，这是获取良好教学效果的保证。学生的年级越高，教师的威信越取决于自身的本体性知识。但是，其也指出具备本体性知识只是教师教学的基本保证，但不是唯一的，即还需要具备其他层面的知识。

教师的文化知识对于教师教育效果而言有着重要意义，其与教师的本体性只是有着同等重要的作用。

教师的实践知识是指教师在具体的课堂中，面临有目的的行为所具有的课堂情境知识或相关知识。这种知识是教师经验的积累。教师的教学与研究人员的科研活动不同，具有情境性，且在这些情境之中，教师的知识主要是从个体实践而来的。同时，实践知识会受到一个人经历的影响和制约，这些经历有人的打算、人的目的、人类经验的积累等。这种知识的表达有着丰富的细节，并且以个体化语言来呈现。

教师的条件性知识是一个教师能否取得教学成功的保证。一般来说，教师的条件性知识可以划分为三种：学生的身心发展知识、学生成绩评估知识、教与学知识。

3. 教育观念

教师的教育观念是他们在教学活动中形成的对教育现象的主体性认知，是从自身的心理背景出发进行的认知。一般来说，教育观念包含知识观、教育观、学习观、学生观等。

4. 监控能力

教师的监控能力指的是他们为了保证教学能够顺利实现预期目标，在教学过程中进行主动计划、检查与反馈等。具体来说，包括对课前教学的设计、对课堂进行管理与指导、对课堂信息进行反馈。事实上，教学监控能力是教师对其认知的调节与控制，是教师思维反省与反思的体现。

5.教学策略与行为

教师的教学策略与行为是教师为了实现教学目标，从学生的特点出发，采用各种教学手段展开因材施教。在高校英语教学中，教师的教学策略与教学行为是教师根据不同学生的学习风格与水平差异，创造符合学生风格的课件，采用网络多媒体技术，将自身的教育思想与学生容易接受的方式完美地进行融合。

（三）互联网＋时代高校英语教师的素质要求

1.丰富的知识储备

"互联网＋"时代的高校英语教师需要具备精湛的专业水准和知识储备，即扎实的语言基本功。所谓语言基本功，是指教师能够驾驭和把握英语语言知识和语言技能，能够得心应手地运用英语这门语言进行授课，这是对高校英语教师最基本的素质要求。

在"互联网＋"时代，高校英语教师最重要的业务素质是有较强的口语表达能力及较强的写作能力。这是因为，在网络多媒体环境下，高校英语教师与学生往往通过文字与声音来交流，如果教师能够表达清晰，那么必然会与学生很好地进行沟通。可以说，语音、语调纯正清晰、文字表达准确流畅是教师的必备素质。同时，教师还需要引导学生培养自己的批判性思维、掌握不同文化的差异性、对他国文化进行有选择的吸收，激发学生使用英语语言的兴趣，并使学生能够从中感悟人生。

除了具备基本的知识储备，高校英语教师还应该拥有运用现有知识和技能来学习其他信息、知识的能力。在"互联网＋"时代，问题讨论都具有开放性，既不能预测，也不能设定结果。也就是说，教师和学生站在同一起点上，如果教师没有足够多的知识储备和能力素质，那么就很难引领学生进入下一阶段的学习，也无法在学生面前展示出教师的形象。

2.开放的思维方式

在思维领域，创造性思维是最高的形式，是有价值的思维形式。所谓创造性思维，是指运用新方式、新技术来解决问题、处理问题。创造性思维具有四个基本特征。

①独特性，即能够打破常规，从独特的角度来发现与解决问题。

②多向性，即包含发散性思维与聚合性思维。

③综合性，通过综合和分析归纳，抓住事物的主要矛盾和矛盾的主要方面。

④发展性，对事物的发展应该具有预见性，进而推测事物发展的趋势。

在"互联网+"时代高校英语教师应该充分利用网络提供的资源进行教育创新和教育科研。独特性思维要求教师掌握足够多的中英文信息资源，设计出独特有效、具有个性的教学模式和方法。多向性思维要求教师具备对网络资源进行归纳的能力，从而优化自己的教学效果。综合性思维要求教师有将英语学科与网络多媒体技术整合的能力，将网络多媒体技术最大化地运用到英语教学中。发展性思维要求教师的眼光应该具有前瞻性，根据技术发展的方向预测教学的发展前景。

3. 多样的教学方法

在"互联网+"时代，网络教学是课堂教学的补充和延伸，高校英语教师的角色也发生改变，教师充当了网络资源设计者、学生学习的协作者的角色。教师与学生之间是互助合作的伙伴关系，学生是任务的操控者和实践者，因此教师的教学方法必然会发生改变。

在"互联网+"时代，教师不应仅使用单一的口述教学法，还应该借助网络多模态展示教学内容。在使用网络多媒体辅助下的英语教学时，教师可以将课堂、自学等形式结合起来，随时了解学生的学习情况，学生也能够选择适合自己的学习方法和内容。此外，教师可以优化传统的教学法，如交际教学法、任务教学法等，合理利用这些教学方法，弥补单一教学法的不足，从而大大提升学生的兴趣和积极性，提高整个英语教学的效果。

4. 良好的信息素养

高校教师如果具有较高的信息素养，就能认识到完整与精确的信息是扮演好"互联网+"时代高校英语教师角色的基础；就能够确定对信息的需求，并通过对信息的分析提出问题；就能够确定哪些信息源是潜在的，从而根据这些信息源制订成功的检索方式；就能够具有获取、组织、使用、评价信息的能力。

对我国一所高校教师信息素质的研究表明，[1]当前我国高校教师信息素质的不足主要体现在如下四个方面。

---

[1] 宋惠兰. 论教育信息化与高校教师的信息素质培养 [J]. 图书馆论坛，2003（1）：35-37.

第一，信息占有率较低。随着互联网技术的引入，各种超文本信息在人们的生活中渗透，但是一些教师仍旧从纸质材料中搜索知识，完全不知道借助互联网技术，如网络文献、数据库的资料等。

第二，信息鉴别能力较差。有些教师对于网络上的信息是非常茫然的，不知道如何选择，也未对信息进行判断，这样很难鉴别出哪些信息与自己的教学相符。

第三，信息选择能力较弱。一些教师对于文献检索非常陌生，因此很难进行信息的选择。

第四，利用信息的技能薄弱。一方面，教师缺乏信息意识，对知识信息的求知欲仅局限在自己的专业，甚至在知识结构上吃"老本"。另一方面，有的教师对于通过网络与外界交流，坐在家里轻松学习这一变化还没有做好思想准备和适时应变的措施，所以无从把握网络环境下的信息资源，更不能适应网络信息检索工具的多样性和复杂性。

因此，高校英语教师需要养成信息化教学的习惯，使自己的知识向多样化的方向发展。在"互联网+"时代下，高校英语教师提高教学质量的关键在于对现代技术的掌握和具备较高的信息素养。具体来说，高校英语教师需要做到如下四点。

①具备良好的信息意识，能够从复杂的信息结构中捕捉到有效的信息，把握英语这门学科的动向。同时，教师还能够抓住学生的信息，对他们的心态与动态有基本的把握，从而为保证学生的健康发展奠定基础。

②具备较强的信息获取、信息存储、信息加工、信息筛选、信息更新、信息创造的能力，这是教师具备较强的信息素养的核心。

③具备较强的信息运用和创造的能力，这是高校英语教师在信息素养上区别于其他职业明显的特征。

④具备了解最新动态、及时捕捉前沿信息的能力。

三、"互联网+"时代高校英语教师的身份认同

从前文中，我们可以看出，相较于传统的高校英语教师角色与素质要求，"互联网+"时代，高校英语教师角色发生转变，需要不断提升自身素质。为此，教师需要对自身身份进行认同，这样才能更好地进行之后的职业发展。

（一）身份认同的内涵

身份认同由来已久，是人与自然、人与社会、人与自身关系的集中体现。其源于心理学领域，是指处于某一群体中的个体主动建立一个认知和表达体系，在自己是谁、是做什么的、扮演什么社会角色等问题上形成清晰的主体意识并表现出相应的主体行为。身份认同的含义"identity"常被译为"身份"或"身份认同"，实际上，"身份"只是客观反映个体与他人的关系，而"身份认同"才决定人们采用何种方式来理解和改变世界。一方面，它寻求自我与他人的区别，强调自我的唯一性，即对自我身份产生认同；另一方面，明确自我与他人的联系，强调自我具有社会性。总之，身份认同强调在社会环境下自我与社会达到有机融合。

教师身份认同主要指向教师自我认同和自我感知，是个体教师对教学及作为教师的信念，随着教学经验累积而历时发展，具有动态变化、情境化、多维度等特征。相比之下，外语教师身份认同的研究起步尚晚。21世纪初，为了应对外语教学边缘化、外语教学专业化受到质疑等问题，外语界迎来了关于教师身份认同研究的迅猛发展。近20年来，外语研究领域在研究教师发展的同时，把教师的职业认同作为单独研究领域。高校英语专业教师身份认同是指英语教师对英语教学的信念、对自身在社会文化中扮演的角色的认同，是英语专业化发展的内驱力，在教学改革中起着举足轻重的作用。

新形势下，"互联网+"改变了所有传统行业或服务业，产生了新的格局。在教育行业，互联网改变了原有的教学模式、教学方法、教学材料、评估手段等。作为当前"数字原生代"的大学生，网络技术使用熟练，可以从慕课、网课、APP等多渠道获得真实语言材料和知识讲解，对教师的话语权威发出挑战，使得教师对自我专业性、学科发展、未来职业方向产生担忧和困扰，造成教师外部评价和自我评价的矛盾，社会自我和个体自我的失衡，产生身份认同危机。教师身份认同危机会导致教师职业生涯发展停滞，专业发展方向迷失，工作效率低下等问题，影响英语学科的发展和个人的职业发展。

（二）"互联网+"时代高校英语教师身份认同的危机

1. 教师角色遭受冲击

信息技术是把"双刃剑"。在以往传统授课中，信息技术仅是教师教学的辅助手段，教师在课堂中起着引导者的作用，启发学生思维。而现如今，互联网的冲击使得信息技术宛如课堂"主角"，上至教师，下至学生都有一定程度的不适感，会使教师对自我身份的定位和认知趋于模糊，教师会进一步思索自己在线授课中的作用是否不可替代等问题。

此外，"互联网+"时代的在线教学虽然是主流趋势，但大多教师尤其是我国中西部等教育资源薄弱地区的教师仍是被迫应对。"在变化的情境中如何找到自己的位置和使命，如何实现长久以来对'教师'身份的认知在自己职业生涯中的确认"[①]是社会和广大教育者应持续思考的论题。

2. 师生关系的削弱带来的情感缺失

"互联网+"时代的高校英语教学对线上教学方式予以越来越多的侧重。传统课堂中，学生对于教师的情感依赖度较高，因为教师与学生是直面接触，知识的灌输是直观的，没有媒介的介入，教师能从学生的面部表情、肢体动作、回答的正误等第一时间了解学生对于知识的掌握程度，根据不同学生的水平为其布置差异化的学习任务，进而调动其学习积极性，营造活跃的课堂氛围，这对于师生来说都能达到一定程度的感官刺激。而线上授课过程中，教师和学生之间被电脑这层媒介隔断，教师看不到学生的表情等外在反馈，只能通过设置即时、实时和延时的学习任务来督促学生，检查其学习效果，某种程度上限制了学生主观能动性的发挥，使学生从情感上对在线教学形成了一定的心理排斥，师生的彼此依赖度和共情感大大降低。这也会对高校英语教师的身份认同产生不利影响。

3. 教师信息技术水平桎梏

"互联网+"时代，在线教学成为大势所趋，但广大中西部地区，尤其是经济欠发达的地区，其所在教育系统整体的数字化和信息化水平相对较弱，因此这对教师胜任信息技术的能力提出了不小挑战。教师对信息技术的掌握熟练程度不足，很大层面上削弱了教师教学的信心，对于自我身份认同带来了一定困惑。

（三）"互联网+"时代高校英语教师身份认同危机的消解策略

1. 进一步强化制度保障和扶持

消解"互联网+"时代广大高校英语教师的身份危机，首要任务就是在制度

[①] 毛晶玥，张斯民. 危机与重构：基于网络直播媒介的教师身份研究[J]. 中国德育，2020（10）：45-46.

上对教师的身份予以明确，多肯定教师的身份，多认可教师做出的贡献。只有宏观政策的制定，才能有效促进高校教师身份认同，增强其职业自信感，从而更有利于教学的开展。

2. 进一步改善学校教学信息化条件

高校教学信息化的条件保障直接影响"互联网+"时代英语教师教学工作和学生学习的质量，也是教师工作满意度和自身身份认同的重要外部保障因素。而教学平台则是影响"互联网+"时代英语教学的主要因素。各高校尤其是中西部偏远地区的高校，应着重加快改善教学信息化的建设步伐，如教学平台的建设等，解决好教师运用互联网平台授课和学生在线学习的载体，保障高校英语教师授课的顺利进行，提高英语教学的效率，增强英语教师的自我认同感。

3. 进一步提高教师自身教学能力与水平

除了国家宏观政策和学校层面的保障能消解教师身份认同的危机外，微观层面的教师才是核心因素。部分高校英语教师缺乏使用互联网技术进行教学的经验，不能完全适应"互联网+"时代的教学工作，仍然在持续探索和改进教学方式方法的过程中，且部分教师线上教学能力和水平与"互联网+"时代的英语教学需求还有一定的差距。因此，各高校相关职能部门应进一步优化教师教学能力提升工作机制，做好教师信息化教学能力提升的相关培训，教师自身也要多参加关于信息化教学技能提升的各种讲座，多学习多实践。与此同时，各教学单位也要加强教师间的经验交流和总结提炼，在实践中探索新思路、新方法、新举措，帮助更多教师提高教学效能。

4. 进一步增强自我身份建构的意识

身份并不是固定的，是可以解构和重构的。新环境下，身份被赋予了新特征。MOOC（慕课）时代的到来，要求高校外语教学进行改革，其成功与否与教师身份认同有直接的关系。面对身份危机，个体应提高自主发展的意识，重塑适合时代发展需求的身份。因此，新的教学环境之下，教师应与时俱进，积极主动地寻求发展，提升自己的自我发展意识，重构新身份。

第三节 "互联网+"时代高校英语教师职业发展路径

"互联网+"时代高校英语教学对教师的专业能力提出了更高层次的要求，如何实现教师的专业化发展逐渐受到了人们的关注。下面，本书就从几点来探究互联网技术影响下的高校英语教师的职业发展途径。

一、转变观念，激发职业发展内在动力

高校英语教师的职业发展取决于内在动力与外部环境两方面的因素。内在动力是指教师本人追求自我提高的意识，外部环境即是指教师所处学校软硬件设施、所处教师团队的整体素养等。实际上，教师是自身发展的最终责任承担者。

"互联网+"时代，高校英语教师要转变观念，形成智能化思维，形成线上与线下混合式发展的意识。"互联网+"时代高校英语教师的职业发展首先应突破传统教学理念的束缚，努力形成智能化思维。"互联网+"为我们提供了无限发挥的空间，从宏观上看，可以构成"互联网+教育"；从微观上说，"互联网+"可以拓展的方式是无穷的，它可以是"互联网+课堂"，可以是"互联网+学生"，可以是"互联网+作业"，可以是"互联网+评价"，可以是"互联网+阅卷"，可以是"互联网+家长"，等等。因此，教师要自觉能动地适应信息化发展趋势，要形成教育信息化理念，要树立大课程意识，提供网络课程资源，探索网络授课模式，善于网络学习，提升专业水平与信息素养，要有指导学生网络学习的意识，能指导学生学会网络学习。此外，要形成线上与线下混合发展的意识，教师职业发展中不仅仅依靠线下的教学与实践，也要重视起线上的成长与提高。教师的教学实践与互联网新成果新技术相结合，不断进行教学方面的创新与发展。在线上与线下的混合发展中为教师成长搭建平台，形成新的职业发展渠道。

二、定时审视、提升职业能力

"互联网+"时代，高校英语教学面临着前所未有的变革，英语教师的职业能力需要不断提升。高校英语教师的教学内容和教学形式必须要定时地进行更新，不能是单一化的书本理论知识的传输，也不能是传统的授课模式，而要转化为将专业课的基础理论知识与专业前沿动态知识相结合，同时教学形式要丰富多

样。也就是说，高校英语教师要发挥互联网技术的力量，有效运用网络学习平台，搜索海量的学习资源，观看一些名师的经典课堂视频，在观看学习的过程中审视自身的教学能力，查缺补漏相关的知识点，从而重建自身的专业知识结构。要结合"互联网+"的教学特色，形成现代化线上线下混合教学的模式，实现数据资源的共享，由此构建完善的互动性的常态化教学环境，提升高校英语教学成效。

其一，提升分析、筛选信息的能力。网络世界的复杂使知识的真假有待商榷。高校英语教师在网络上选择某些知识之前，应该学会如何去分析这些知识，考虑它们是否存在错误、是否符合自己学生的需求、是否与自己的理念相吻合。教师只有对信息正确分析，才能合理地筛选出符合教学主旨和学生身心发展的知识。但是，学校中不是所有的教师都能够学会筛选信息的方法，部分老教师对计算机并不精通，这就需要学校对此采取相应的举措。学校应该针对那些计算机水平偏低的教师进行培训，在培训中不断提升教师处理信息的能力。

其二，提升处理数据的能力。在"互联网+"时代，高校英语教师需要利用互联网强大的数据处理功能，对其在教学、科研过程中产生的数据需要整理、分析，以提升其教学、科研能力，因此教师的数据意识和处理能力是教师职业发展中不可缺少的基本素质。具体而言，一要培养数据意识。高校英语教师对教学、科研中所产生的各种数据应有敏锐的判断力和观察力，要重视数据在"互联网+"时代对教学、科研的作用，善于从数据的视角来分析评价教学、科研的过程。高校英语教师在平时的教学活动中，要细心观察和记录学生的行为数据；在平时的科研中，要注重自身的行为数据，并养成对数据分析与判断的意识。二要提升数据处理技术。"互联网+"时代要求将大数据、云计算等新兴技术应用到高校英语教学之中，因此教师只有掌握新的数据处理技术，才能适应"互联网+"的要求。高校在教师职业发展和继续教育中，要开设相关的数据处理技术的课程，包括数据挖掘、回归分析、聚类分析、数据融合、自然语言处理等内容，同时还应开设各种数据软件处理课程，定期定时组织教师学习，并在制度上给教师学习以适当激励，提升教师学习数据处理技术的积极性。当然，提高教师的数据处理技术与素养，并不仅是教师个体的事情，还是高校乃至整个教育系统改革的需要。在教师职业发展中，数据素养及能力是内化的过程，除了需要教师在继续教育中的学习，更重要的是教师自身在平时教学、科研中要积极运用，在实践中磨炼，进而提高该项素养和能力。

三、注重大数据思维的应用

"互联网+"时代，高校英语教师在日常教学中不仅要具备获取数据的能力，同时还要有运用数据的能力，从而提升高校英语教学质量，增强自身的职业发展核心竞争力。高校英语教师在课堂教学中，要运用互联网技术搜索海量数据，同时挖掘海量数据信息的有效价值，并将其转化为有效的数据资源，将其推送给学生，这是"互联网+"时代高校教师必备的技能。"互联网+"时代高校教师的教学内容和教学思维必须切实地发生转变，进一步将大数据应用到教学领域，积极地探究将数据资源引入教学之中的具体方式，不仅让学生及时接收到大量的教学资源，以数据资源补充教育材料，同时运用大数据技术形成教学管理的方式，对学生的学习状态进行检测，了解学生的兴趣点和对学科教学生知识的需求，形成个性化的教学策略。可以借助大数据平台，对教师的教学理念、教学形式和教学成效进行科学化的评估，判断现阶段教学的优劣之处，从而以该数据分析结果为基础，针对性地对教学模式进行更新，综合化地提升教师的教学逻辑思维。

四、不断进行教学反思

教学反思有利于高校英语教师不断解决教学问题，制订合理的教学目标，选择行之有效的教学方法，提升教学实践的合理性。"互联网+"时代，大数据成为辅助反思性教学的有力工具，赋予了反思性教学新的内涵和特征。对于高校英语教师来说，一要建立新型的师生关系，促进对教学行为和教学过程进行归纳、总结和反思；二要增强自我意识，进行批判性反思，努力从"经验型"教师向"反思型"教师转变；三要优化实践知识，不断改进教学，在实践与反思的循环中进一步得到提升。

五、创建教师职业发展网络学习平台

高校要积极创建教师职业发展网络学习平台，构建教师学习共同体。学校是交流理解、公开问题、共同学习、相互合作的教师学习共同体。教师需要从一个

团结、平等的实践群体中汲取营养,高校通过社群的支持促使他们参与、调节、转变,通过互动、交流与合作收获知识、理念、做法的碰撞,让他们在碰撞中内化和提高对知识的理解,不断促成新的教学实践性知识的创造、储备和知识系统提升,在他人的引导和帮助下获得最大限度的学习和发展。

因此,在"互联网+"时代,有必要创建教师发展网络学习平台,构建教师学习共同体。本着参与合作、共同分享、相互交流的理念创建教师发展网络学习平台后,教师便可以按照既定的培训步骤进行网络合作学习,如先组建网络学习社区,之后接受培训,进行学习小组的分组。其间有专家学者进行教学与指导,在这之后教师独立学习、进行专业实践与小组讨论,讨论成果进行展示与汇报评价、最终进行个人反思。在此,需要强调的是共同体中的合作与交流需建立在充分赋权普通教师的基础之上,而且合作、交流以有效教学为导向,核心内容是课程的定位、教学大纲的制定、教学模式的研讨、教学方法的交流、全方位教学资源的共享、课堂教学关键问题的解决方案、评估体系的建立等,紧紧围绕教学的革新、教学的创造性实践。

六、全方位提供教师职业发展扶持

在"互联网+"时代,高校英语教师面临信息技术带来的挑战,必须提升自身的信息素养来促进自身的职业发展。要保证信息技术对高校英语教师职业发展的支持,提高教师的素养能力,高校必须完善信息技术继续教育机制。高校教师只有在这样的长效机制下,才能不断完善自身的信息技术和能力,才能学习新的知识、技能,保持职业发展的更新。

第一,高校要认识到信息技术支持是教师职业发展及学校发展的基础。高校要结合自身的学校定位及教师的具体情况,对教师职业发展、职业发展意愿进行调查,在此基础上营造一个全新的信息化教育环境,建立起一支高校信息化支持服务团队,随时为教师信息化的教学、科研提供服务,在这种长效机制和环境的感染下,教师的信息素养会得到提升。

第二,高校应该根据学校发展的实际情况,积极为教师创造信息化的教学条件及机会,满足教师在教学及职业发展中个性化需求。如学校应该积极鼓励和支持教师进行新的网络课程开发、翻转课堂的实施等。

第三，高校应该做好制度保障，对教师信息素养提升要制订好各种管理及奖惩制度，如对开展网络教学、线上教学的教师要给予经费上的支持，给予一定的教研奖励支持等。

参考文献

[1] BING H, JIN Z. The Application of Internet Platform in College English Teaching[J]. Applied Mechanics and Materials, 2013, 23（321-324）.

[2] HARMER J. The practice of English language teaching[M]. London: Longman, 1990.

[3] HONG Q. Internet plus based teaching mode of English information in Colleges and Universities[J]. Journal of Physics: Conference Series, 2021（2）.

[4] HUANG L. Ecological Construction of Diversified College English Teaching Model at the Times of "Internet+" [J]. Поволжская Археология, 2019, 30（4）.

[5] LANLAN W. On the Reform of College English teaching in Chinese Private Universities under the Background of "Internet+" Era[J]. Frontiers in Educational Research, 2021, 4（13）.

[6] LILI Z. A Study on College English Teaching under the Background of "Internet Plus" [J]. Frontiers in Educational Research, 2019, 2（12）.

[7] MIN Z. Analysis of College English Teaching in the Era of "Internet Plus" [J]. International Journal of Education and Economics, 2019, 2（1）.

[8] SHUYI R. Research on the Reform and Development of English Teaching in Colleges and Universities under the Background of "Internet+" [J]. The Frontiers of Society, Science and Technology, 2020, 2（4）.

[9] WENJIE L. The Status Quo and Countermeasures of Public English Teaching in Local Colleges under the Background of Internet[J]. International Journal of Education and Economics, 2020, 3（4）.

[10] XIAOMING Y. On MOOC's-based College English Teaching Mode under

the Environment of "Internet +" [J]. International Journal of Education and Management, 2020, 5 (1).

[11] YING L. Study on the Reform and Development of College English Teaching on the Background of Internet Environment[J]. International Journal of New Developments in Engineering and Society, 2017, 1 (2).

[12] YUNSHENG C, Lijun L. The Current Research Situation and Hotspots of English Teaching under the Background of "Internet Plus" [J]. International Journal of Social Science and Education Research, 2019, 2 (7).

[13] YUNZHONG C. On MOOC's-based College English Teaching Mode under the Environment of "Internet +" [J]. Organic Chemistry: An Indian Journal, 2017, 14 (3).

[14] ANDERSON J, RAINIE L, 王景枝等. 互联网对高等教育未来的影响[J]. 高等工程教育研究, 2013 (3): 38-45.

[15] 曹莹雪. "互联网+"背景下大学英语教师信息素养研究[J]. 校园英语, 2021 (21): 8-9.

[16] 曹治. 多模态视角下大学英语口语教学模式的实证研究[D]. 西安：西安外国语大学, 2017.

[17] 陈崇国, 陈刚. "互联网+"背景下应用型本科院校英语教师专业发展现状及应对策略[J]. 六盘水师范学院学报, 2020, 32 (3): 96-103.

[18] 迟秋雅, 周景芸. "互联网+"背景下大学英语听说混合式教学探析[J]. 英语教师, 2019, 19 (24): 51-52, 68.

[19] 单莹. "互联网+"背景下混合式课程教学设计与实践——基于雨课堂平台的大学英语混合式教学探究[J]. 海外英语, 2021 (20): 133-134.

[20] 耿霞. 论"互联网+"视域下大学英语教学的改革与发展[J]. 农业网络信息, 2017 (06): 110-113.

[21] 关靖. "互联网+"背景下大学英语教学策略探析[J]. 校园英语, 2021 (40): 7-8.

[22] 关英波. "互联网+"背景下大学英语教学新模式探究[J]. 校园英语, 2021 (5): 16-17.

[23] 何广铿. 英语教学法教程：理论与实践 [M]. 广州：暨南大学出版社，2011.

[24] 何晓松. "互联网+"视域下大学英语口语教学模式探究 [J]. 继续教育研究，2017（11）：124-126.

[25] 胡江萍. "互联网+"时代大学英语教师专业发展探究——基于多模态教学模式的视角 [J]. 江西广播电视大学学报，2020，22（2）：60-65.

[26] 胡铁生，黄明燕，李民. 我国微课发展的三个阶段及其启示 [J]. 远程教育杂志，2013（4）：36-42.

[27] 胡铁生. 微课：区域教育信息资源发展的新趋势 [J]. 电化教育研究，2011（10）：61-65.

[28] 黄小妹. "互联网+"背景下大学英语教学改革初探 [J]. 作家天地，2021（30）：17-18.

[29] 纪全艳. "互联网+"环境下高校英语教师信息化教学能力提升策略研究 [J]. 海外英语，2019（22）：142-143.

[30] 贾辉，蔺丽. "互联网+"背景下大学英语语法教学探索 [J]. 产业与科技论坛，2020，19（7）：155-156.

[31] 江佳. "互联网+"背景下大学英语写作教学探析 [J]. 海外英语，2021（14）：188-189.

[32] 焦建利. 微课及其应用与影响 [J]. 中小学信息技术教育，2013（4）：13-14.

[33] 黎加厚. 微课的含义与发展 [J]. 中小学信息技术教育，2013（4）：10-12.

[34] 李安娜. "互联网+"背景下大学英语教师角色定位探究 [J]. 黑龙江高教研究，2018，36（12）：100-103.

[35] 李定仁. 教学思想发展史略 [M]. 兰州：甘肃教育出版社，2004.

[36] 李洁. "互联网+"背景下大学英语教师角色转换探微 [J]. 校园英语，2021（11）：15-16.

[37] 李林鸿. "互联网+"环境下的大学英语慕课教学模式探讨 [J]. 佳木斯职业学院学报，2020，36（2）：164-165.

[38] 刘寒冰，潘丽鹏. "互联网+"背景下大学英语线上线下混合式教学研究 [J]. 校园英语，2021（44）：11-12.

[39] 刘佳男. "互联网+"时代大学英语教学面临的挑战及优化途径探究 [J]. 现

代英语，2021（6）：10-12.

[40] 刘淼. "互联网+"背景下微课在大学英语教学中的应用分析[J]. 传播力研究，2019，3（33）：244.

[41] 刘炜，林文娟. "互联网+"时代大学英语教学评价新生态的建构[J]. 考试与评价（大学英语教研版），2020（3）：80-83.

[42] 芦慧芬. "互联网+"背景下大学英语教学的创新实践探索[J]. 开封文化艺术职业学院学报，2020，40（11）：71-72.

[43] 陆耀雁，黎祖兵. "互联网+"背景下大学英语听说教学改革路径[J]. 校园英语，2020（38）：33-34.

[44] 马永强. "互联网+"时代大学英语教师职业能力可持续发展研究[J]. 赤峰学院学报（汉文哲学社会科学版），2017，38（1）：156-159.

[45] 毛晶玥，张斯民. 危机与重构：基于网络直播媒介的教师身份研究[J]. 中国德育，2020（10）：45-46.

[46] 聂志兴. "互联网+"新浪潮下大学英语教学初探[J]. 湖北开放职业学院学报，2019，32（20）：179-180.

[47] 纽南. 第二语言教与学[M]. 北京：外语教学与研究出版社；汤姆森学习出版社，2012.

[48] 秦虹，张武升. "互联网+"教育的本质特点与发展趋向[J]. 教育研究，2016，37（06）：8-10.

[49] 石兴平. 试析"互联网+"模式下大学英语听力教学[J]. 海外英语，2021（12）：162-163.

[50] 斯特纳. 语言教学的基本概念[M]. 北京：商务印书馆，2018.

[51] 宋惠兰. 论教育信息化与高校教师的信息素质培养[J]. 图书馆论坛，2003（01）：35-37.

[52] 宋灵青.《中国大学生英语写作能力报告（2020）》发布：以大数据反哺教学促协作教学创新发展[J]. 中国电化教育，2020（8）：1.

[53] 隋铭才. 英语教学论[M]. 南宁：广西教育出版社，2001.

[54] 泰勒. 原始文化[M]. 蔡江浓，译. 杭州：浙江人民出版社，1988.

[55] 王丽丽，杨帆. "互联网+"时代背景下大学英语教学改革与发展研究[J].

黑龙江高教研究，2015（8）：159-162.

[56] 王茹. "互联网+" 视域下大学英语智慧教学模式研究 [J]. 湖北开放职业学院学报，2020，33（7）：180-181+186.

[57] 王永华，黄文苑. "互联网+" 视域下大学英语教学创新探究 [J]. 科技视界，2019（28）：140-141.

[58] 魏欢. "互联网+" 视域下大学英语教学方法探讨 [J]. 海外英语，2020（13）：124-125.

[59] 吴丽娜. "互联网+" 背景下大学英语教师专业素质发展探究 [J]. 校园英语，2017（48）：11.

[60] 吴南中. "互联网+" 教育内涵解析与推进机制研究 [J]. 成人教育，2016，36（01）：6-11.

[61] 吴纬芳，王秀丽. "互联网+" 背景下大学英语教学创新策略探索 [J]. 辽宁科技学院学报，2021，23（4）：39-41.

[62] 项瑞翠. 基于 "互联网+" 的大学英语翻译教学模式创新分析 [J]. 校园英语，2021（32）：43-44.

[63] 徐瑾. "互联网+" 背景下大学英语教师专业化发展策略 [J]. 湖北开放职业学院学报，2019，32（24）：178-179，186.

[64] 薛美薇. "互联网+" 时代高校英语教师信息技术应用能力提升研究 [J]. 牡丹江教育学院学报，2020（1）：59-60+118.

[65] 尤子鹃，田波. "互联网+" 视域下的大学英语翻转课堂教学模式建构 [J]. 山西青年，2019（21）：118-119.

[66] 张楚昕. 谈 "互联网+" 背景下高职英语教师新媒介素养提升 [J]. 海外英语，2021（21）：181-182.

[67] 张海生，范颖. "互联网+" 教育时代的学习新形态：主要类型、共性特征与有效实现 [J]. 中国远程教育，2018（10）：24-34.

[68] 张雯君. "互联网+" 时代英语教师角色的快速转变 [J]. 考试与评价,2021(3)：102.

[69] 张先志，耿忠群. 论语 [M]. 北京：北京时代华文书局，2019.05.

[70] 张雪慧. "互联网+" 视域下大学英语教学创新探索 [J]. 英语教师，2020，

20（14）：66-67.

[71] 张正东. 外语立体化教学法的原理与模式 [M]. 北京：科学出版社，1999.

[72] 赵彩燕. 基于"互联网+"的大学英语自主学习教学模式研究 [J]. 校园英语，2020（4）：28-29.

[73] 赵珊珊. "互联网+"背景下高校英语教师媒介素养发展途径探讨 [J]. 湖北开放职业学院学报，2022，35（4）：167-168.

[74] 郑小军，张霞. 微课的六点质疑及回应 [J]. 现代远程教育研究，2014（2）：48-53.

[75] 朱永生，严世清，苗兴伟. 功能语言学导论 [M]. 上海：上海外语教育出版社，2005：168.

[76] 朱月翠，张文德. "互联网+"教育基本模型探析 [J]. 中国教育信息化，2015（19）：12-15.